MITTE!

Benedikt Goebel

MITTE!

Modernisierung und Zerstörung des Berliner Stadtkerns von 1850 bis zur Gegenwart

Herausgegeben vom Bürgerforum Berlin e.V.

Lukas Verlag

Mit freundlicher Unterstützung durch

Ingenieurbüro für Tragwerksplanung
Dr.-Ing. Christian Müller GmbH

NÖFER ARCHITEKTEN
Nöfer Gesellschaft von Architekten mbH

Erstausgabe, 1. Auflage 2018

Lukas Verlag für Kunst- und Geistesgeschichte
Kollwitzstraße 57
D 10405 Berlin
www.lukasverlag.com

Titelbild: Lothar Willmann: Der Berliner Stadtkern vor dem Umbau zum sozialistischen Stadtzentrum, Januar 1965, Archiv Lothar Willmann, Schorfheide (http://www.willmann-bild.de)
Foto auf der Umschlagklappe: Klara Machinek, Oktober 2010
Umschlag, Layout, Satz und Reprographie: Lukas Verlag
Druck und Verarbeitung: Westermann Druck Zwickau

Printed in Germany
ISBN 978-3-86732-294-2

INHALT

VORWORT

Seit über 150 Jahren wird die Stadt Berlin immer wieder neu erfunden – teils aus der Notwendigkeit des Wachstums als Reichshauptstadt seit 1871, teils auch aus Gigantomanie der faschistischen Hauptstadt im Stile Albert Speers. Nach den Zerstörungen des Zweiten Weltkrieges diente der Wiederaufbau dem Aufbau der autogerechten Stadt – in Ost und West-Berlin. Während der beiden deutschen Diktaturen wurde der Berliner Stadtkern komplett zerstört und in einem großmaßstäblichen Stil neu bebaut. Mit den Ergebnissen, die im 1964 erschienenen Buch von Wolf Jobst Siedler »Die gemordete Stadt« scharf kritisiert wurden.

Mit diesem Buch begann das Umdenken im Städtebau – nicht alles Alte ist schlecht – im Gegenteil – der gründerzeitliche Stadtgrundriss von James Hobrecht hat sich als besonders flexibel im urbanen Sinne bewährt. Die ältere Mischung von kleinen und großen Wohnungen, Arm und Reich, Gewerbe und Wohnen, das macht heute noch einen großen Teil des lebendigen Stadtgefüges von Berlin aus. Überall wo neue Stadtstrukturen an die Stelle von alten traten, wurde der Stadtraum langweiliger und weniger lebenswert.

Als ich vor dreißig Jahren 1985 nach Berlin kam, lief gerade die Internationale Bauausstellung (IBA) – und ich war begeistert, in welcher Vielfalt diese Stadt das Thema Wohnen und Partizipation neu dachte. Nach jahrelangen heftigsten Auseinandersetzungen mit den über 200 Hausbesetzungen setzte sich die Erkenntnis durch, dass Flächensanierung mit Totalabriss keine befriedigende Antwort auf die städtebauliche Weiterentwicklung Berlins sei. Der Erhalt und die Pflege des alten Stadtgrundrisses und der alten gründerzeitlichen Bebauung wurde damit wieder mehrheitsfähig.

Seit der »Kritischen Rekonstruktion« der Neubau-IBA 1984/87 wird an jeder Stelle der Stadt die Frage gestellt, wie man die verschiedenen Stadtplanungsideen neu miteinander verbinden, überlagern und verbessern kann. Es war ein Meilenstein: Erinnerung an die Geschichte – Erhaltung der alten Qualitäten und eine Weiterentwicklung in die Zukunft – das machte den Erfolg der Internationalen Bauausstellung 1984/87 aus.

Was aber ist unsere heutige Fragestellung an die Berliner Mitte? Der Zustand heute ist mehr als unbefriedigend und erinnert eher an eine Vorstadtbrache, die man schnell verlässt. Die beiden Ausstellungen im Palais Ephraim »Berlins vergessene Mitte« und »Die geraubte Mitte« zeigten ganz besonders, welche sozialen und städtebaulichen Qualitäten verloren gegangen sind. Die Open-Air-Ausstellung am Neptun- bzw. Schlossbrunnen, die das Bürgerforum im Jahr 2015 gezeigt hat, und dieses Buch, das auf dieser Ausstellung fußt, versuchen nun die Grundlage für die weitere Diskussion zu legen. Denn nur wer seine Geschichte kennt, kann auch in die Zukunft weiterdenken.

Wir kann man die Berliner Mitte in Zukunft weiterentwickeln? Welche Ziele sind dabei zu verfolgen? Die von der Senatsverwaltung 2015 und 2016 durchgeführte Bürgerbeteiligung »Alte Mitte – Neue Liebe« führte zu dem Ergebnis, alles solle so bleiben wie bisher – nur die Grünanlagen werden etwas gepflegter. Das kann keine Lösung sein!

Die Freiräume der Berliner Mitte sind bisher eher Abstandsflächen und monumentale Aufmarschplätze als städtebaulich gefasste Räume, die zum Verweilen einladen. Sobald es regnet oder kalt ist, sind sie leer und mitunter gefährlich. Wir brauchen gute städtebauliche Ideen, die diesem Ort gerecht werden und eine Vielfalt von kleinteiligen Nutzungen. Daher wünschen wir uns einen städtebaulichen Ideenwettbewerb für die Berliner Mitte. Die Wahrung und Wiederherstellung des alten Stadtgrundrisses ist eine vernünftige Grundlage, damit nicht alles *beliebig neu* erfunden wird. Kleinteilig und kreativ sollte der Stadtraum werden – mit vielen öffentlichen Nutzungen, aber auch Wohnungen, die neuen kleinen Grundstücke könnten – ohne die Spekulation anzuheizen – in Erbpacht an Bauherrn vergeben werden, ein Wettbewerb der Nutzungskonzepte auf der Grundlage eines städtebaulichen Entwurfes auf dem alten Stadtgrundriss – das ist eigentlich kein *Hexenwerk*...

Der *Genius Loci* unserer Stadtgeschichte sollte kreativ weiterentwickelt werden. Es wäre schön, wenn jeder Berliner seinen Gästen die alte und wieder neu belebte Mitte Berlins stolz zeigen möchte. Aus einer ungeliebten Mitte kann wieder das schlagende Herz dieser lebendigen Stadt werden. Mit diesem Buch wollen wir den Berlinern Mut machen, die Mitte ihrer Stadt neu zu denken.

Berlin, im Februar 2018

Dr. Christian Müller
1. Vorsitzender des Bürgerforums Berlin e.V.

EINLEITUNG

Dieses Buch widmet sich der Geschichte der Berliner Mitte vor allem im 19. und 20. Jahrhundert. Es erzählt in knappen Worten und illustriert mit vielen Bildern, wie der Berliner Stadtkern zu dem wurde, was er heute ist: die moderne Mitte einer alten Stadt.

Die längste Zeit bestand die Stadt aus der mittelalterliche Doppelstadt Berlin-Cölln sowie dem Friedrichswerder und Neukölln am Wasser, also aus der eigentlichen Altstadt und dem Bereich der barocken Festung. Sie wuchs erst ab Mitte des 17. Jahrhunderts über dieses Areal hinaus. Denn seit der brandenburgische Kurfürst 1701 König in Preußen geworden war, gewann sie einen neuen politischen Rang, was wiederum mit einer städtebaulichen und architektonischen Aufwertung verbunden war. Mit dem barocken Schloss im Nordwesten erhielt Berlin erstmals einen international präsentierbaren Bau. Er änderte die städtebauliche Ausrichtung der Residenzstadt: Die meisten staatlichen Repräsentationsbauten wurden von nun an westlich des Schlosses errichtet. Der bürgerliche Groß- und Einzelhandel blieb bis ins 20. Jahrhundert im barocken Stadtkern konzentriert.

Im späten 18. Jahrhundert begann eine von den Bürgern getragene wirtschaftliche Entwicklung, die Berlin zur größten und wichtigsten Stadt der Welt nach London und Paris machen sollte. In der zweiten Hälfte des 19. Jahrhunderts schließlich entwickelte sich das Deutsche Reich unter preußischer Führung zwar spät, aber äußerst dynamisch zu einem wissenschaftlich, wirtschaftlich und militärisch führenden Staat Europas. Diese Entwicklung beförderte auch eine städtebauliche Modernisierung des Berliner Stadtkerns. Sie setzte um 1850 ein und war bis zum Ersten Weltkrieg durch Abrisse ganzer Häuserblöcke für neue Verwaltungsgebäude sowie zahllose Straßenaufweitungen gekennzeichnet.

In der krisengeprägten Weimarer Republik kam der Neubau im Stadtkern nahezu zum Erliegen. Das änderte sich erst wieder in der Zeit des Nationalsozialismus. Zwischen 1933 und 1939 wurden zirka zweihundert Häuser abgebrochen, um Platz für neue Verwaltungsbauten sowie ein Altstadtforum zu schaffen. Der Zweite Weltkrieg zerstörte dann weitere Hunderte von Häusern – ohne indes die Struktur der Grundstücke und Straßen zu berühren. Erst in den späten 1960er und 1970er Jahren erhielt der Berliner Stadtkern eine dem damaligen Zeitgeschmack entsprechende moderne Gestaltung aus Fernsehturm, Hochhäusern und Zeilenbauten, die die historischen Strukturen weitestgehend ignorierte.

In nahezu allen Plänen, Vorschlägen und Debatten nach dem Fall der Mauer und bis heute, fast dreißig Jahre danach, zeigt sich eine große Unsicherheit, wie die Berliner Mitte nachhaltig gestaltet werden kann. Unbestritten freilich ist: Nur in umfassender Kenntnis der vollständigen Planungs-, Bau- und Besitzgeschichte – und dies schließt die DDR-Epoche ausdrücklich ein – kann eine Neugestaltung des Stadtkerns formuliert werden, die womöglich viele Jahrhunderte bestehen wird.

Um die verlorene Identität der Stadtmitte, die in die Struktur der Straßen und Plätze des Stadtkerns bis in die Zeit der Weimarer Republik eingeschrieben war, soll es im Folgenden gehen – und sollte es allen Berlinern und Berlinerinnen gehen.

ALTE MITTE

1850 war Berlin bereits 700 Jahre alt

Der Zustand vor der um 1850 einsetzenden Transformation der Berliner Innenstadt ist weitgehend unbekannt. Wer weiß heute noch, dass dort, wo die autobahnähnliche Grunerstraße das Nikolaiviertel passiert, sich einst der älteste Markt von Berlin, der Molkenmarkt, befand? Und wer weiß, dass unter der Gertraudenstraße das Zentrum der Stadt Cölln, der Petriplatz und der Cöllnische Fischmarkt, an dem das Cöllnische Rathaus stand, begraben liegen? Wer weiß, dass sich auf der ausgedehnten Freifläche am Fernsehturm bis zum Zweiten Weltkrieg ein dicht bebautes Wohn- und Geschäftsviertel erstreckte?

Berlin ist in der Mitte des 12. Jahrhunderts als Ansiedlung von Fernkaufleuten zu beiden Seiten der Spree entstanden. Der Siedlungskern westlich des Mühlendamms, des ältesten Spreeübergangs, rund um die Petrikirche hieß Cölln, derjenige östlich des Damms um die Nikolaikirche Berlin. Man darf sich diese Doppelstadt nicht als Nebeneinander zweier eigenständiger Städte vorstellen, die sich gegenseitig »das Wasser abgegraben« hätten: Beide Städte umgaben sich von Anfang an mit einer gemeinsamen Stadtmauer. Bei der Aufteilung in zwei Städte ging es vielmehr vor allem um die Verteilung des umliegenden Gemeineigentums – die Berliner Gemeindewiesen und -äcker erstreckten sich nördlich der Spree, die Cöllner südlich –, und ferner um die Zahl der Ratsfamilien sowie den Turnus des Bürgermeisteramtes. Parallelen zwischen der mittelalterlichen Doppelstadt und der Spaltung in den Jahren 1961 bis 1989 sind also unbegründet.

Die beiden Stadthälften verfügten jeweils über ein eigenes Rathaus, es gab zu beiden Seiten des Mühlendamms einen Fischmarkt (westlich den Cöllnischen und östlich den Berlinischen), ferner gab es zwei Bettelordensklöster – die Dominikaner saßen im Norden Cöllns, die Franziskaner im Osten Berlins. Nach letzterem ist die Klosterstraße benannt, nach dem zuvor genannten Kloster die Brüderstraße.

Berlin war von Anfang an genau doppelt so groß wie Cölln. Lange nahm man an, dass die Oderberger bzw. Georgen-, König- oder Rathausstraße eine Wachstumsfuge zwischen dem früher bebauten Teil Berlins um den Molkenmarkt und dem jünger bebauten um den Neuen Markt gewesen sei. Die Grabung vor dem Bau der U5-Verlängerung im Zuge der Rathausstraße hat aber klargestellt, dass das gesamte spätere Stadtgebiet bereits im 12. Jahrhundert abgesteckt und dann in einem längeren Prozess von Süden nach Norden bebaut worden war. Dies schließt übrigens nicht aus, dass es schon vor 1250 nördlich der Oderberger Straße Häuser gestanden haben. Die Marienkirche, die heutige evangelische Bischofskirche, war und ist eine ebenso stolze spätmittelalterliche Hallenkirche wie die Nikolaikirche – nur, dass ihrem aktuellen Umfeld die Maßstäblichkeit verloren gegangen ist.

Die Rathäuser der beiden Stadthälften lagen an deren wichtigsten Straßenkreuzungen: Oderberger Ecke Spandauer Straße bzw. Gertrauden- und Breite Straße. Ein erstes Berliner Rathaus und eine Rolandfigur am Molkenmarkt sind vermutlich legendär – es sei denn, die Grabungen der nächsten Jahre ergäben dafür Anhaltspunkte. Im 14. Jahrhundert vereinbarten Berlin und Cölln die Verwaltung durch einen gemeinsamen Rat, der im Rathaus auf der Langen Brücke (heute Rathausbrücke) tagte – wo immer dieser Bau genau gestanden haben mag.

Die so entstandene Handelsstadt von überregionaler Bedeutung war naturgemäß auch Mitglied der Hanse. Ihren durch Handel und Fernhandel erworbenen Wohlstand schützte sie durch einen Graben und eine mehrere Meter hohe Backsteinmauer, von der an der Waisenstraße noch Überreste vorhanden sind. Die Stadtmauer um Berlin und Cölln hatte fünf Tore, die in alle Himmelsrichtungen wiesen, außer nach Nordwesten, da dort die Spree die Stadt mit dem Umland verband. Als Berlin sich im 17. Jahrhundert, über 400 Jahre nach dem Bau der mittelalterlichen Mauer, mit einem barocken Festungswall umgab, wurden die Positionen fünf alten Stadttore beibehalten und lediglich um 50 bis 100 Meter nach außen in den neuen Wall verlegt. Die Tore selbst sind heute aus dem Stadtbild verschwunden, die Plätze vor vieren von ihnen hingegen noch immer sehr präsent im Stadtbild: Spittelmarkt, Hackescher Markt, Alexanderplatz und Holzmarkt. Auch der Verlauf der wichtigsten Straßen des Stadtkerns hat sich strukturell nicht geändert. Er gleicht einem Dreizack: Dessen Stab bildet die von Südwest nach Nordost verlaufende Gertraudenstraße, die sich am Molkenmarkt bzw. an der Kreuzung mit der Oderberger Straße dreifach gabelt – in die Spandauer Straße nach Norden, die Oderberger bzw. Grunerstraße nach Nordosten und die Stralauer Straße nach Südosten.

Die im 15. Jahrhundert manifeste überregionale Bedeutung der Doppelstadt weckte das Interesse der neuen Landesherren aus dem Haus Hohenzollern. Sie wählten Berlin-Cölln als eine ihrer Residenzen aus und errichteten eine Zwingburg im Norden Cöllns, aus der sich im Laufe der Zeit das Berliner Schloß entwickelte. Nachdem im Jahr 1448 anlässlich des sogenannten »Berliner Unwillens« der Widerstand der Ratsfamilien gebrochen war, wurde die Stadt von Beamten des Landesherrn verwaltet.

Bürgerlichen Revolutionen des Denkens im 18. Jahrhundert kamen die Berliner Aufklärung und die Haskalah genannte jüdische Aufklärung gleich. Eine erste Blüte dieser Parallelaktion war die Berliner Klassik um 1800, die seit einigen Jahren der weltbekannten Weimarer Klassik gleichgesetzt wird. Die jüdische Aufklärung führte die jüdischen Deutschen im 19. Jahrhundert aus ihrer bisher unterprivilegierten gesellschaftlichen Stellung heraus.

Die in Preußen-Deutschland im Vergleich mit den Nachbarstaaten England und Frankreich spät einsetzenden, dann aber sich mächtig entfaltenden Prozesse der Industrialisierung und Urbanisierung führten bis zur Mitte des 19. Jahrhunderts zu einem gewaltigen Stadtwachstum sowie gesellschaftlichen Verwerfungen und städtebaulichen Modernisierungen – um die es in diesem Buch geht.

Harald Bodenschatz / Christina Kautz: Themenkarte »Mitte«

Mit »Mitte« ist der Ursprung der Stadt gemeint: das alte Berlin und das alte Cölln zwischen dem Spreekanal und der S-Bahntrasse zuzüglich des Friedrichswerders und Neukölln am Wasser – also das gesamte Areal der barocken Festung. Von großer Bedeutung sind die Übergangsorte in die angrenzenden Stadtteile: der Alexanderplatz, der (verschwundene) Holzmarkt, der Spittelmarkt und der Platz am Zeughaus. Diese Plätze erschließen die großen Radialstraßen, welche die Berliner Stadtregion gliedern und zusammenhalten.

Planungsgruppe Stadtkern im Bürgerforum Berlin e. V.

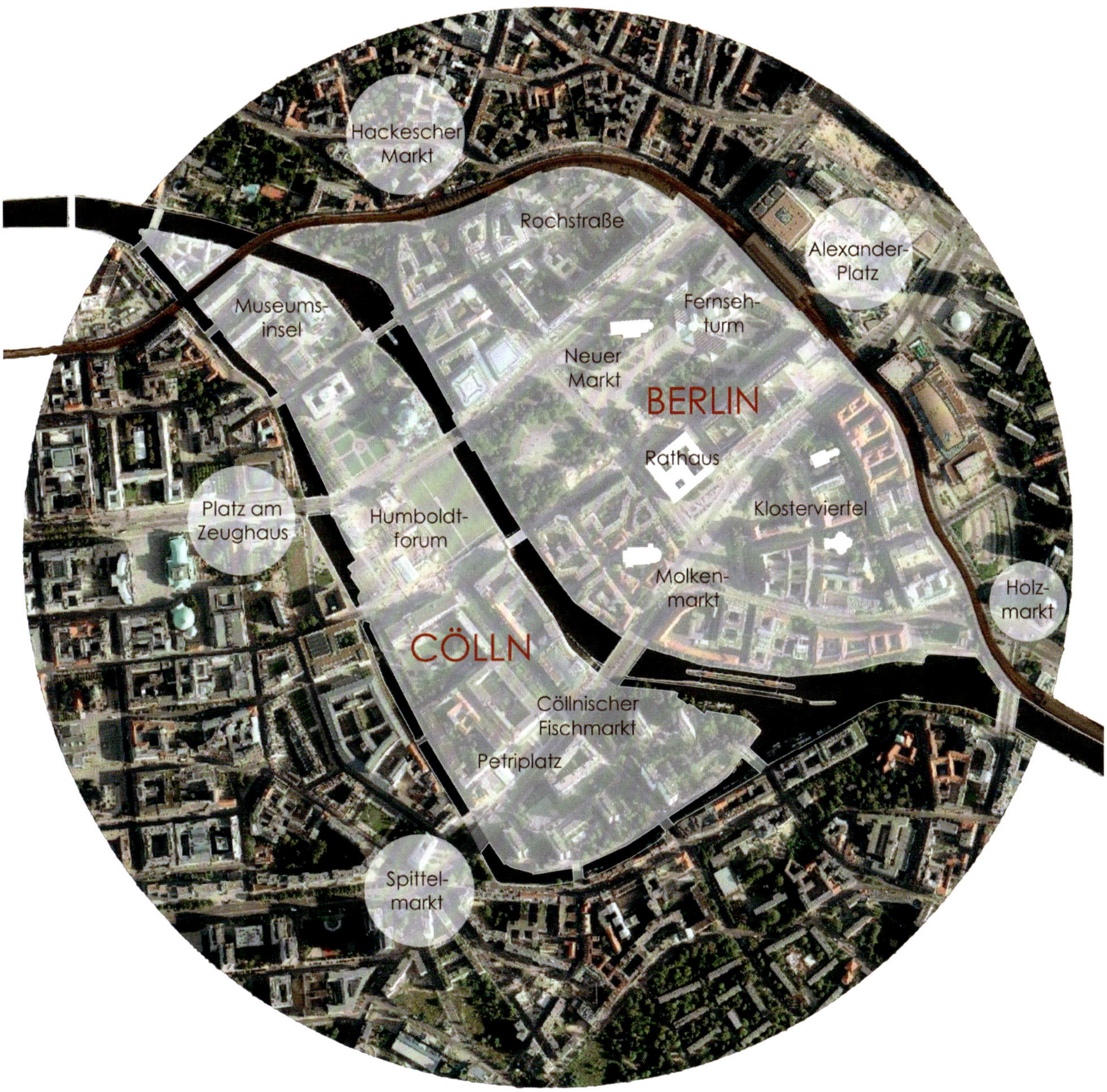

Hackescher Markt
Rochstraße
Alexander-Platz
Museumsinsel
Fernsehturm
Neuer Markt
BERLIN
Rathaus
Platz am Zeughaus
Humboldtforum
Klosterviertel
Molkenmarkt
Holzmarkt
CÖLLN
Cöllnischer Fischmarkt
Petriplatz
Spittelmarkt

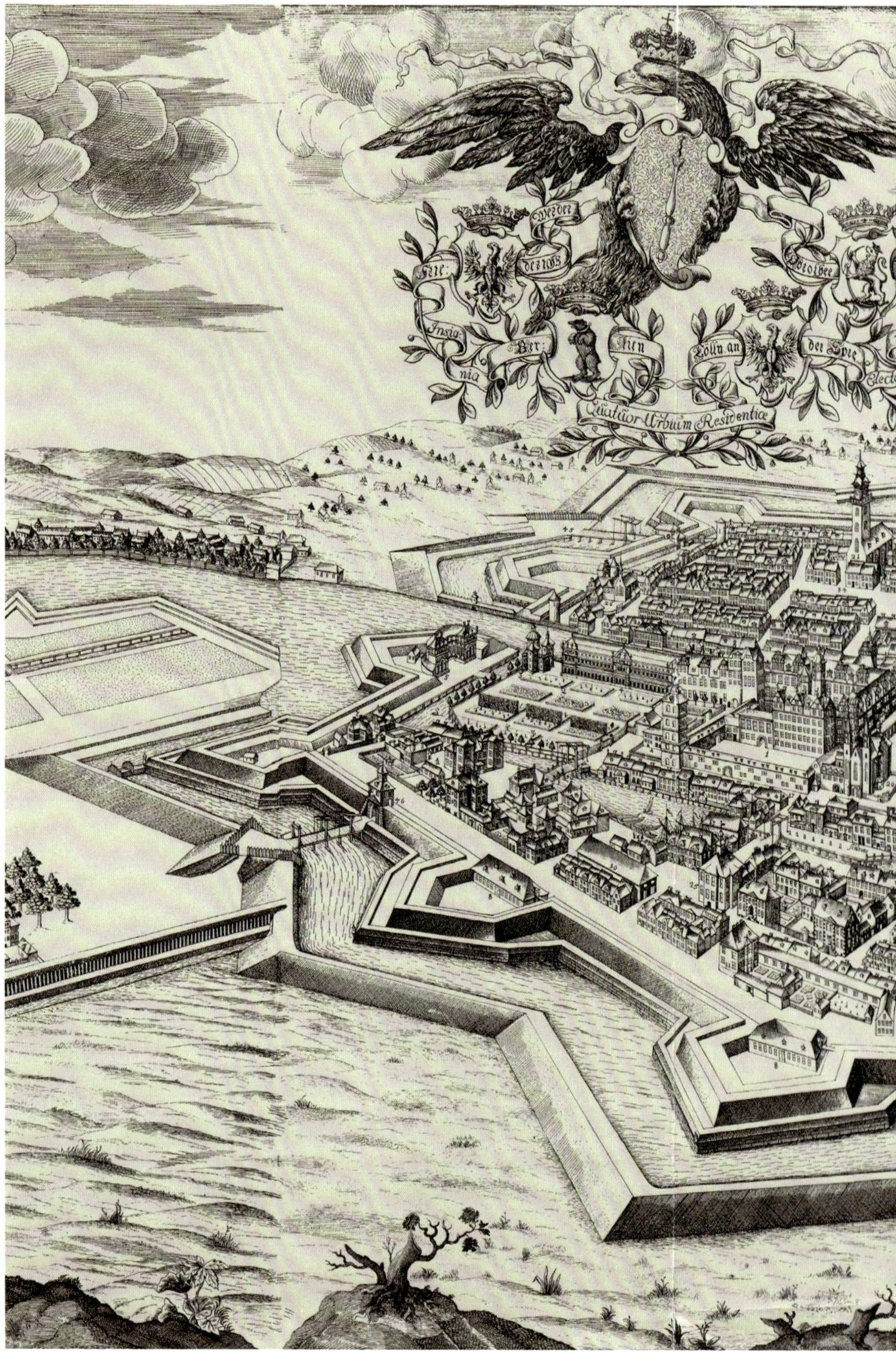

Johann Bernhard Schultz († 1695): Vedute der Residenz des Kurfürsten von Brandenburg, 1688 (Ausschnitt)

Der kurfürstliche Stempelschneider und Ingenieur, Münzmeister und Kupferstecher J. B. Schultz fertigte diese Vogelschauansicht Berlins vermutlich im Auftrag des Großen Kurfürsten an. Denn die Ansicht verdeutlicht das erfolgreiche Aufbauwerk in den knapp fünf Jahrzehnten der Herrschaft des Kurfürsten nach dem Dreißigjährigen Krieg und die soeben fertiggestellte Festung.

Staatsbibliothek zu Berlin – Preußischer Kulturbesitz, Kartenabteilung

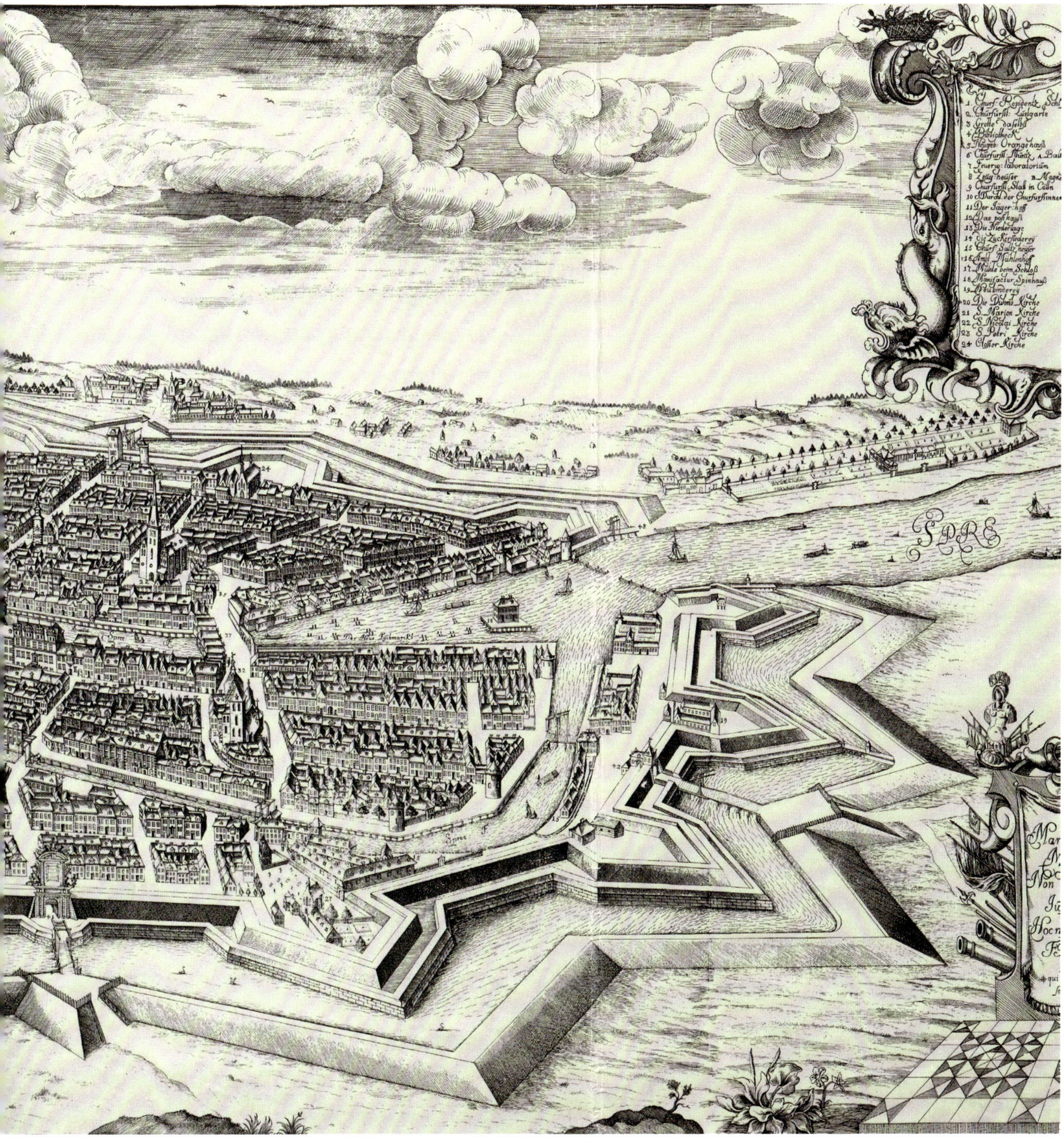
1. Churf: Residentz
2. Churfürstl: Lustgarte
3 Grotte daselbst
4 Bibliotheck
5 Neugeb: Orangehauß
6 Churfurstl: Müntz
7 Feuerw: laboratorium
8 Zeug heuser
9 Churfurstl: Stall in Cölln
10 S. Durchl. der Churfurstinne
11 Der Jäger hoff
12 Das posthauß
13 Die Niederlage
14 Die Zuckersiederey
15 Churf: Saltz heuser
16 Ambt Mühlenhoff
17 Mühle beim Schloß
18 Manifactur Spinhauß
19 Neubinderey
20 Die Dumb Kirche
21 S. Marien Kirche
22 S. Nicolai Kirche
23 S. Petri Kirche
24 Closter Kirche

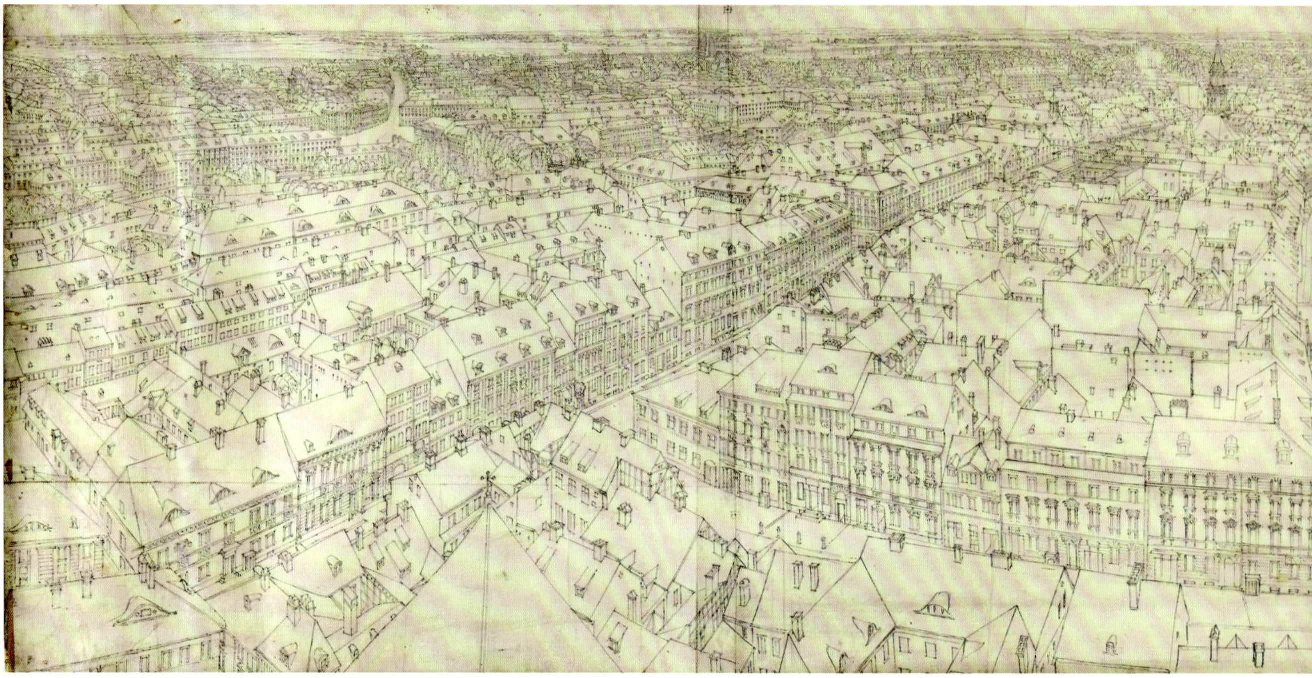

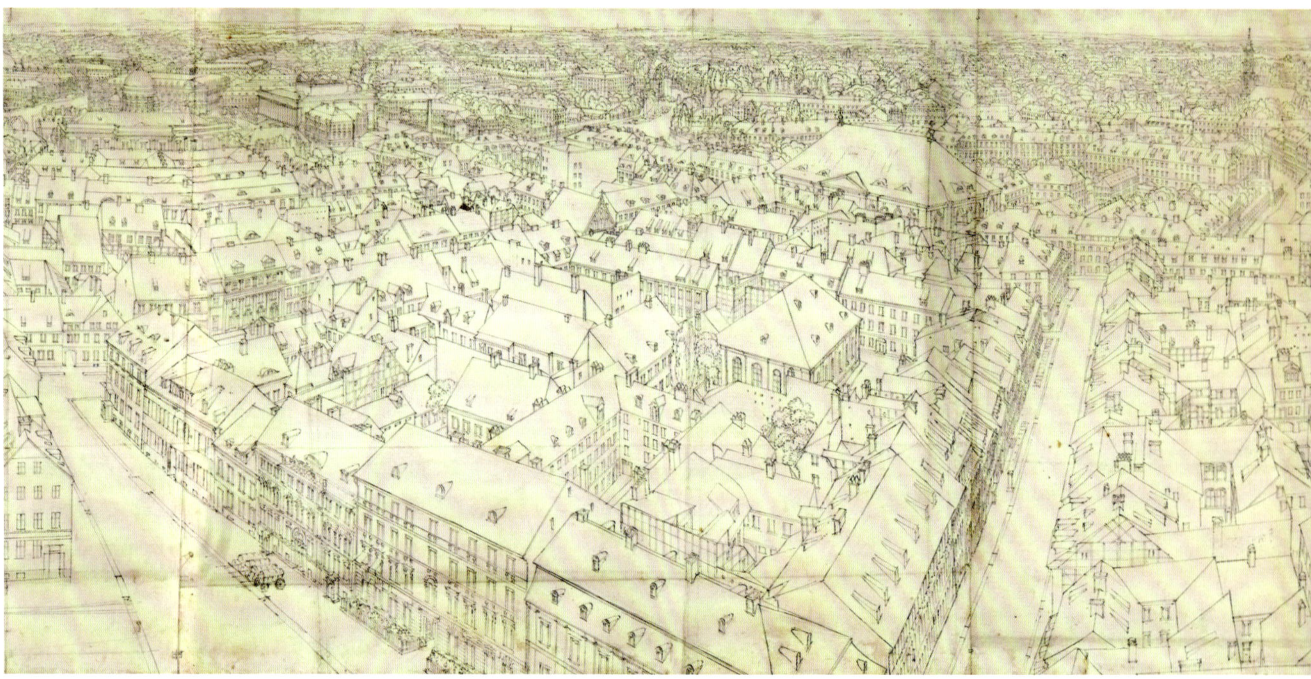

Antonio Sacchetti (1790–1870): Panorama vom Turm der Marienkirche aus gesehen, 1833

Der Venezianer Sacchetti arbeitete von ca. 1830 bis 1833 als Theatermaler in Berlin. Die detaillierte Federzeichnung hielt den Anblick der Altstadt wenige Jahre vor der Erfindung bzw. Einführung der Photographie fest. Die Zeichnung ist so auch ein Dokument für das wachsende Bedürfnis nach einer präzisen, photorealistischen Wiedergabe der Welt. Außer den Ständen der Fischhändler auf dem Neuen Markt zu Füßen der Marienkirche ist auch die Alte Synagoge in der Heidereutergasse gut zu erkennen.

Stiftung Stadtmuseum Berlin, Graphische Sammlung, Nr.: VII 72/515 W, Reproduktion Michael Setzpfandt, Berlin

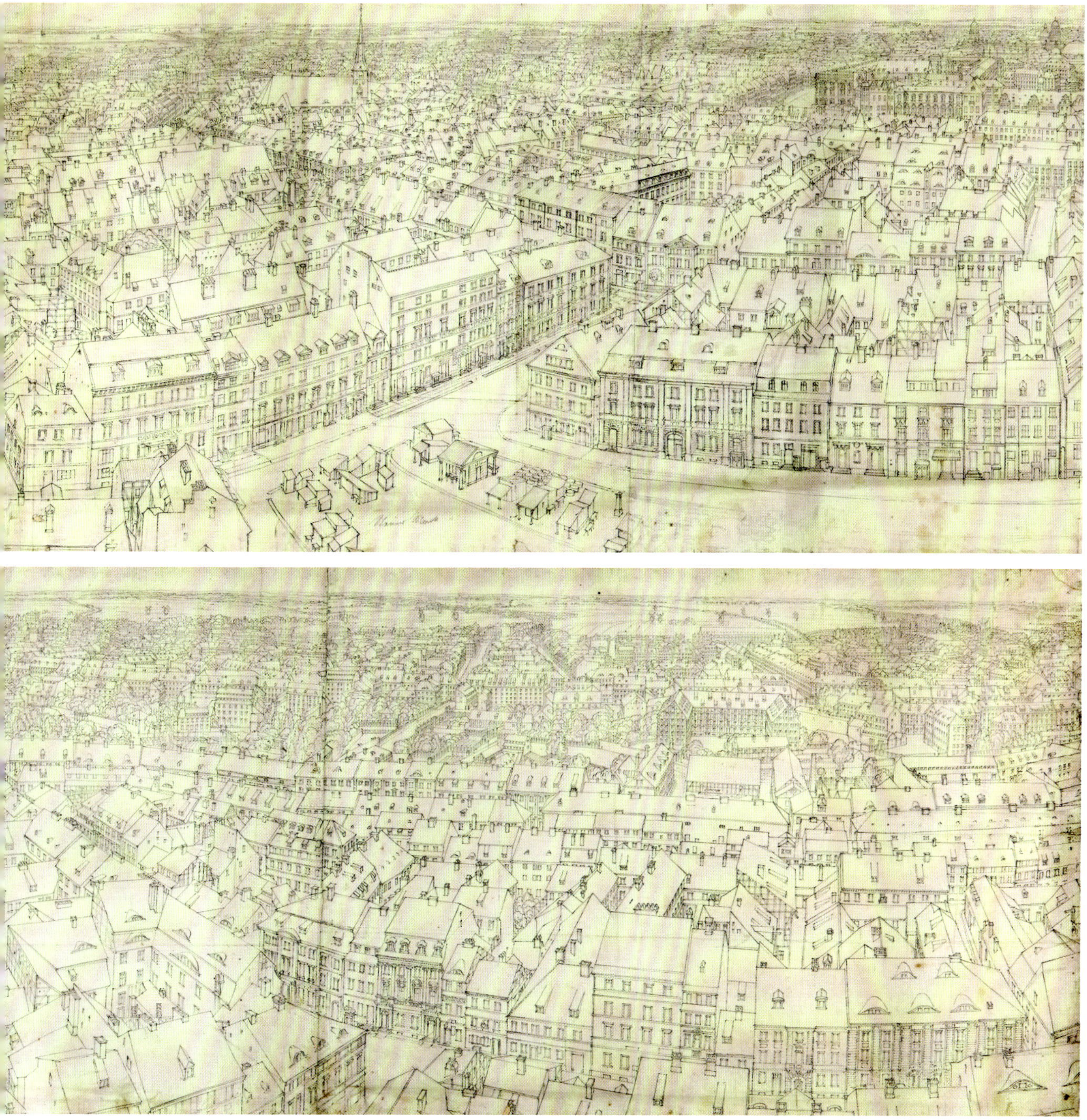

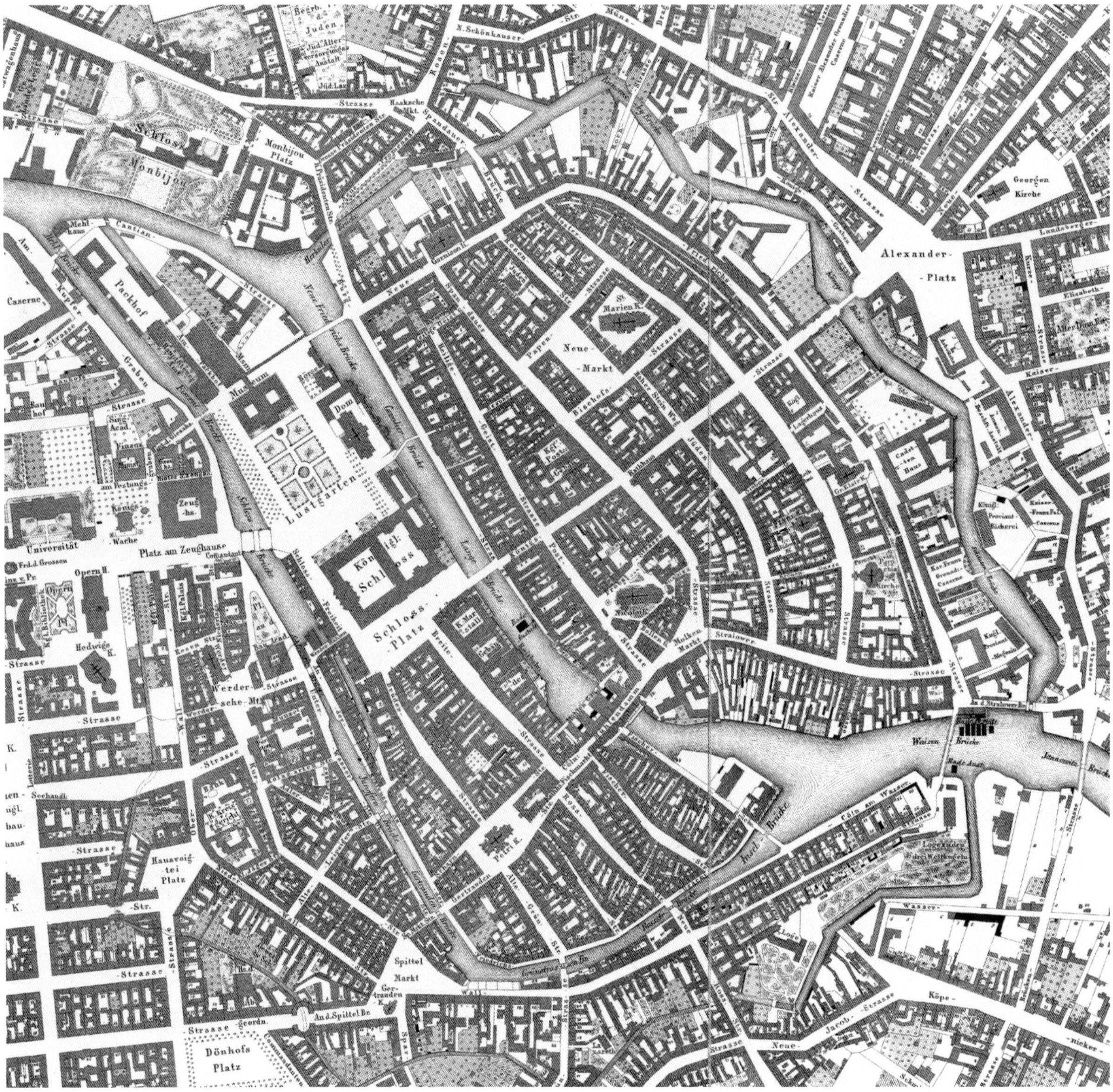

Sineck: Situationsplan der Haupt= und Residenzstadt Berlin mit nächster Umgebung, 1856 (Ausschnitt, Maßstab des Originals 1:6250)

Der nach einem »Hauptmann von der Armée und Director vom Königlichen lithographischen Institut in Berlin« benannte Sineckplan ist der erste mittels Triangulation erstellte Stadtplan Berlins. An ihm fasziniert die Wiedergabe der Altstadt kurz vor Beginn der städtebaulichen Modernisierung. Befestigungsgraben, Altes Rathaus, Gerichtslaube, Mühlendammkolonnaden, Palais Hitzig und viele andere kurz darauf abgebrochene Bauwerke und Straßenverläufe – hier sind sie präzise kartiert.

Staatsbibliothek zu Berlin - Preußischer Kulturbesitz, Kartenabteilung, Nr. X17793, Blatt 5 und 6

Daguerrotypie des Alten Rathauses an der Ecke von Spandauer und Königstraße, 1840

Unmittelbar nach Einführung der Lichtbildtechnik nahm man in Berlin diese Daguerrotypie auf. Sie dokumentierte die beiden Untergeschosse des Uhrenturms, die in den Wochen nach der Aufnahme weichen mussten, um die wichtigste Straßenkreuzung der damaligen Stadt für den Einzug des neuen Königs, Friedrich Wilhelm IV., aufzuweiten und zu modernieren. Die Dokumentation abrissbedrohter Gebäude ist also von Anfang an eine Aufgabe der Berliner Stadtphotographie.

Landesarchiv Berlin, F Rep. 290, Nr. 61/1802

Leopold Ahrendts (1825–1870):
Der Alte Dom im Lustgarten, um 1858

Galerie Berinson, Berlin

Leopold Ahrendts (1825–1870):
Die Burgstraße und das Schloss auf der anderen Spreeseite, um 1858

Galerie Berinson, Berlin

Leopold Ahrendts (1825–1870):
Die Kurfürstenbrücke mit dem Standbild des großen Kurfürsten von Andreas Schlüter

Links das Palais Wartenberg (später »Alte Post«), um 1858

Galerie Berinson, Berlin

Leopold Ahrendts (1825–1870):
Der Werdersche Markt mit der Friedrichswerderschen Kirche von Karl-Friedrich Schinkel

Links angeschnitten das bekannte Modekaufhaus Gerson, um 1858

Galerie Berinson, Berlin

ENGE MITTE

1850, der Anfang vom Ende der Altstadt

Berlin wuchs explosionsartig. Der dadurch enorm gestiegene Raumbedarf der städtischen Verwaltung führte schon in den 1850er Jahren zu Plänen für ein neues Rathaus. Dafür wurde das gesamte »kolossale Häuser-Quarreé« des Alten Rathauses zwischen König-, Spandauer und Jüdenstraße in Aussicht genommen. 1859 beauftragte die Stadt den Architekten Hermann Friedrich Waesemann mit dem Neubau, der in zwei Abschnitten ausgeführt wurde. Nachdem der Magistrat im Juni 1865 aus dem Alten Rathaus in den ersten Bauabschnitt umgezogen war, wurde dieses noch im selben Jahr bis auf seinen wertvollsten Teil, die Gerichtslaube, abgerissen.

Dieser Akt der Zerstörung, dem sechs Jahre später dann doch auch der Abbruch der Gerichtslaube folgte, war wie ein Dominostein, der den Sturz etlicher weiterer wertvoller Alt-Berliner Baudenkmale nach sich zog. Der Verkehrsplaner und Statistiker im Dienst des Magistrats Ernst Bruch drückte 1868 die Grundhaltung der Zeit so aus: Alt-Berlin sei »ein die freie Bewegung hemmendes Geschwür«, das aufgestochen werden müsse, »um Lebensquellen sprudeln zu lassen«. Es herrschte damals ein starker Widerwille gegen eine als übermächtig empfundene Fülle an Geschichte und Tradition.

Ernst Bruch forderte auch als Erster die umfassende bauliche Anpassung der Innenstadt an die Bedürfnisse des Verkehrs. »Die Mängel unserer Verkehrsverhältnisse haben [...] in der mittelalterlichen Abgeschlossenheit der ersten Anfänge des heutigen Berlin [...] ihren Ursprung. [...] Das altmodische Kleid ist schon jetzt gleichsam dem großgewordenen Kinde zu eng geworden. [...] Dem Kind muß ein neues Kleid gegeben werden.« Da Bruch einen Verkehrskollaps befürchtete, forderte er vorsorglich hundertdrei Straßendurchbrüche, sieben Brückenverbreiterungen und dreizehn Brückenneubauten.

Und abgesehen vom Verkehr mussten weitere Wachstumsprobleme der modernen Metropole bewältigt werden: 1865 brachte der Magistrat die Planungen für eine moderne Schwemmkanalisation sowie für zentrale Schlachthöfe und Markthallen auf den Weg.

Von den um 1850 vorhandenen zirka 1600 Bauten des Stadtkerns wurden in den folgenden 125 Jahren 1575 abgerissen beziehungsweise im Krieg zerstört. Zu den bis heute erhaltenen fünfundzwanzig vormodernen Bauten zählen außer den vier mittelalterlichen Kirchen (Nikolaikirche, Marienkirche, Heiliggeistkapelle, Ruine der Klosterkirche) noch fünf öffentliche Gebäude (Parochialkirche, Friedrichswerdersche Kirche, Altes Museum, Neues Museum und Alter Marstall) und sechzehn Bürgerhäuser: Ribbeckhaus, Nicolaihaus, Palais Happe, Knoblauchhaus, Frommelhaus, Anna-Louisa-Karsch-Straße 7, Scharrenstraße 16 und 17, Neue Grünstraße 27 (Gerhardhaus), Niederwallstraße 39 (Jägerhof), Märkisches Ufer 16, 18 und 20 sowie Wallstraße 86, 87 und 88. Ein solcher Verlust ist einzigartig unter den europäischen Metropolen.

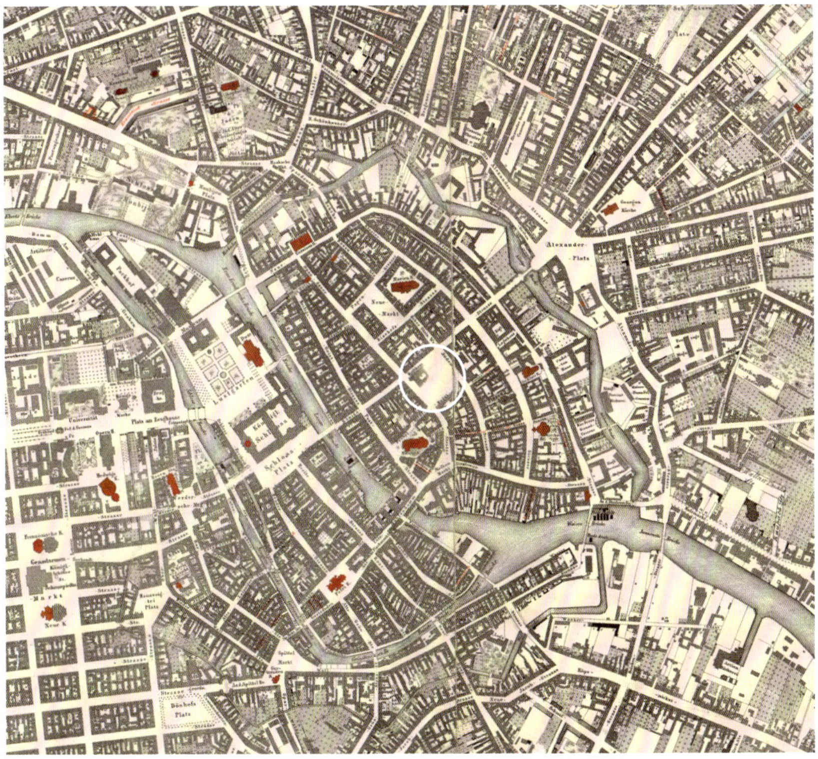

T. Sineck:
Situationsplan der Haupt= und Residenzstadt Berlin mit nächster Umgebung, 1867 (Ausschnitt)

Diese Neuauflage des ersten Sineck-plans von 1856 unterscheidet sich von der Erstauflage durch die Rotfärbung der Kirchen und Synagogen und, vor allem, die weiße Fläche an der Stelle des Rathausblocks.

Staatsbibliothek zu Berlin – Preußischer Kulturbesitz, Kartenabteilung

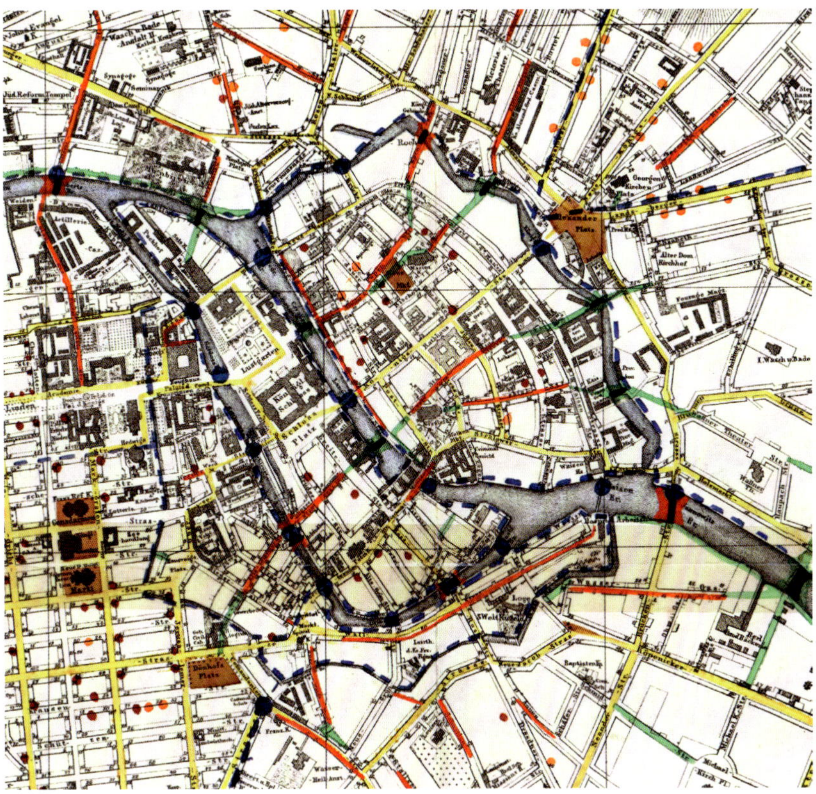

Ernst Bruch:
Planung von Straßendurchbrüchen, 1868 (Ausschnitt)

Der Statistiker Ernst Bruch forderte 1868 als Erster die radikale bauliche Anpassung der Innenstadt an die Bedürfnisse des Verkehrs: »Die Mängel unserer Verkehrsverhältnisse haben […] in der mittelalterlichen Abgeschlossenheit der ersten Anfänge des heutigen Berlin […] ihren Ursprung. […] Das altmodische Kleid ist schon jetzt gleichsam dem großgewordenen Kinde zu eng geworden. […] Dem Kind muß ein neues Kleid gegeben werden.«
Da Bruch einen Verkehrskollaps befürchtete, forderte er vorsorglich 103 Straßendurchbrüche, sieben Brückenverbreiterungen und dreizehn Brückenneubauten.

Staatsbibliothek zu Berlin – Preußischer Kulturbesitz, Kartenabteilung, Berlin und seine Entwicklung, Jg. 2 (1868), S. 65–121, Plan vor S. 64

Blick über die abgeräumte Fläche des ersten Bauabschnitts des neuen Rathauses.
Im Hintergrund die Häuser der Naglergasse, Sommer 1860

Landesdenkmalamt Berlin, Photosammlung, Nr. 10213 D

Leopold Ahrendts (1825–1870):
Grundsteinlegung für das neue Rathaus, 11. Juni 1861

Diese Aufnahme ist die erste bekannte Ereignisphotographie Berlins. Die Grundsteinlegung fand in Gegenwart des Königs und bei strömendem Regen statt. Im Hintergrund ist der 1846 fertiggestellte Erweiterungsbau des Stadtgerichts in der Jüdenstraße zusehen.

Landesarchiv Berlin, F Rep. 290, Nr. 61/1806

Leopold Ahrendts (1825–1870):
Die Häuser An der Stechbahn,
vor 1865

Die um 1700 erbauten Häuser waren zu ihrer Zeit die ersten dreistöckigen Wohn- und Geschäftshäuser der Stadt. Durch ihre ab der Mitte des 18. Jahrhunderts gegebene exponierte Lage am Schloßplatz waren sie prädestiniert für Luxusgeschäfte aller Art.

Landesarchiv Berlin, F Rep. 290 (011), Nr. 9446

H. Haubenreißer:
Abbruch von Häusern An der Stechbahn,
9. August 1865

Landesdenkmalamt Berlin, Photosammlung, Nr. 9229 (SSB, Nr. IV 64/3269 V)

Albrecht Meydenbauer (1834–1921): Panorama vom Rathausturm, 1868

Der Rathausturm war noch im Bau (ein Balken des Baugerüstes ragt im oberen Panorama ins Bild), als der Pionier der Messbildphotographie, Albrecht Meydenbauer, von ihm aus ein Rundumpanorama des Stadtkerns aufnahm – für viele der Wohn- und Geschäftshäuser des Stadtkerns ihre erste und letzte Wiedergabe im Lichtbild.

Brandenburgisches Landesamt für Denkmalpflege, Bildarchiv, Nr. 38 e 22-5556-1 bis 8

Leopold Ahrendts (1825–1870):
Altes Rathaus und Gerichtslaube an der Kreuzung von König- und Spandauer Straße, um 1860

Stiftung Stadtmuseum Berlin, Photosammlung, Nr. IV 73/281 V, Reproduktion: Michael Setzpfand

S. P. Christmann:
Nordseite des neuen Rathauses mit der Rückseite der Gerichtslaube am rechten Bildrand.
Teil einer Stereophotographie, 1870

Berlin-Mitte-Archiv, Nr. 20-00041

MONUMENTALE MITTE

Modernisierung des Stadtkerns zwischen 1850 und 1910

Die zahlreichen Monumentalbauten der zweiten Hälfte des 19. Jahrhunderts und des frühen 20. Jahrhunderts hoben sich weit aus dem vormodernen Häusermeer des Stadtkerns heraus. Überall entstanden große Gebäudekomplexe, die vor allem von der Kommune Berlin selbst, aber auch vom Groß- und Einzelhandel sowie vom Land- und Amtsgericht genutzt wurden. Die Ministerien und Kulturinstitutionen siedelten sich, wie erwähnt, bevorzugt westlich des Stadtkerns an.

Zwischen 1876 und 1889 wurde als wichtigstes städtebauliches Projekt die Kaiser-Wilhelm-Straße durch den Norden Alt-Berlins gebrochen und bebaut. Sie entspricht in etwa der heutigen Karl-Liebknecht-Straße. Ihr gebührte der zweifelhafte »Ruhm, zuerst Bresche in das Wirrsal der eng und unregelmäßig bebauten Grundstücke Alt-Berlins gelegt zu haben« – so nachzulesen in dem vom Architekten- und Ingenieurverein zu Berlin herausgegebenen Standardwerk »Berlin und seine Bauten« von 1896. Durch die damit verbundenen Abbrüche verschwand das Rotlichtquartier An der Königsmauer, und die Marienkirche wurde auf der West- und Nordseite freigestellt. Letztlich war die Anlage der Straße für die Stadt ein Verlustgeschäft. Der Plan, die hohen Grunderwerbskosten über den Verkauf nicht benötigter Flächen wieder auszugleichen, blieb Wunschdenken. Doch der zentrale Wunsch, mit der neuen Straße ein verhasstes Unterschichtenquartier – eben die Gasse an der Königsmauer – zu beseitigen, überwog alle vernünftigen Einwände und verhinderte eine verkehrstechnisch und wirtschaftlich rationale Planung.

1892, als der Durchbruch der Kaiser-Wilhelm-Straße und der Mühlendammumbau im Gange waren, beschloss man wegen des vermehrten Verkehrs insbesondere auch der Pferdebahnen die Verbreiterung der zwischen Kaiser-Wilhelm- und Neuer Friedrichstraße gelegenen Rosenstraße. An Stelle der 1894 abgebrochenen Häuser auf deren Ostseite wurden 1894/95 nach Entwürfen von Cremer & Wolffenstein und Otto March sechs große Geschäftshäuser hinter der einige Meter zurückgesetzten Baufluchtlinie errichtet.

Im Folgenden werden dreiundzwanzig herausragende und bekannte Neubauten und Denkmäler dieser Zeitepoche in der Reihenfolge ihrer Fertigstellung vorgestellt.

[Verortung im Plan auf S. 32/33 = 24]

F. Albert Schwartz (1836–1906): Teilabbruch des Hauses Spandauer Straße 69 (später Kaiser-Wilhelm-Straße 8) für den Durchbruch der Kaiser-Wilhelm-Straße, vor 1887.

Rechts ist das Moses-Mendelssohn-Haus angeschnitten.

Landesarchiv Berlin, F Rep. 290, Nr. 61/3261

1. **Berliner Börse, 1857–63,** Architekt: Friedrich Hitzig (Burgstraße 25)
   Der Neubau für die damals die wichtigste Börse des europäischen Festlandes stellte einen Meilenstein der städtebaulichen Modernisierung Alt-Berlins dar. Das 1863 fertiggestellte Gebäude musste bereits achtzehn Jahre später erweitert werden, wobei ein Teil der Heiligegeistgasse überbaut wurde.
2. **Köllnisches Real-Gymnasium, 1865–67,** Architekt: Adolf Gerstenberg (Inselstraße 2–5 und Wallstraße 42–49)

3. **(Alte) Nationalgalerie, 1867–76,** Architekt: Friedrich August Stüler (Museumsinsel)
4. **Rotes Rathaus, 1861–71,** Architekt: Hermann Friedrich Waesemann (heutige Rathausstraße 15)
   Der Neubau des Rathauses war 1869 im Äußeren fertiggestellt, im Inneren wurde noch etliche Jahre an der Ausgestaltung gearbeitet. Das neue Rathaus stand im Mittelpunkt der Aufmerksamkeit, als am 17. April 1871 in seinen Festsälen der neu gewählte Reichstag erstmals zusammentrat.
5. **Königliche Münze, 1868–71,** Architekt: Friedrich August Stüler (Unterwasserstraße 2–4)
6. **Reichsbank, 1869–76,** Architekt: Friedrich Hitzig (Jägerstraße 34–36)
7. **Königliche Kunstschule, 1879/80,** Architekt: Martin Gropius (Klosterstraße 75)
8. **Oberpostdirektion, 1877–82,** Architekten: Carl Schwatlo und August Wilhelm Kind (Spandauer Straße 19–22)
   Zwischen 1877 und 1884 entfaltete die Reichspost in Alt-Berlin eine rege Bautätigkeit. Dieser sehr repräsentative Bau hatte achtzehn Fensterachsen. Seine Fassade war der des Zeughauses nachempfunden.
9. **Hofpostamt, 1881–84,** Architekten: Carl Schwatlo und August Wilhelm Kind (Königstraße 60)
   Für den Neubau wurde das Palais Grumbkow abgerissen, jedoch Teile der Fassade im Hof des Postgebäudes wieder eingebaut.
10. **Polizeipräsidium, 1890,** Architekt: Herrmann Blankenstein (Alexanderstraße 3–7 und Grunerstraße 5/6)
11. **Neptunbrunnen, 1891,** Bildhauer: Reinhold Begas (Schloßplatz)
    Die Einweihung des von der Stadt Wilhelm II. zum Amtsantritt geschenkten imposanten Schlossbrunnens auf dem Schloßplatz vor dem Portal II erfolgte im Jahr 1891.
12. **Mühlendamm-Gebäude, 1886–95,** Architekten: Friedrich Ludwig Persius und Hermann Blankenstein (Mühlendamm)
    Der Mühlendamm war *das* Nadelöhr des Berliner Straßenverkehrs. 1886–87 wurde seine Bebauung abgerissen. Im neuen Mühlendammgebäude residierte ab 1895 die Städtische Sparkasse. Neben der Kaiser-Wilhelm-Straße war der Umbau des Mühlendamms seinerzeit der bedeutendste Eingriff im Bereich des Stadtkerns.
13. **Lutherdenkmal, 1891–95,** Bildhauer: Paul Otto und Robert Toberentz (Neuer Markt)
14. **Nationaldenkmal, 1897,** Bildhauer: Reinhold Begas (Schlossfreiheit)
    Die malerischen Häuser der erstmals im 17. Jahrhundert bebauten Schlossfreiheit wurden im Sommer 1894 niedergelegt. Die Einweihung des von Reinhold Begas entworfenen Nationaldenkmals erfolgte am 22. März 1897 zum hundertjährigen Geburtstag von Kaiser Wilhelm I.
15. **Neuer Marstall, 1897–1901,** Architekt: Ernst von Ihne (Schloßplatz 7)
16. **Hauptgesundheitsamt und Hauptfeuerwache, 1899–1902,** Architekt: Ludwig Hoffmann (Fischerstraße 37–42, An der Fischerbrücke 1A)

17. **Kaiser-Friedrich-Museum (seit 1956 Bodemuseum), 1898–1904,** Architekt: Ernst von Ihne (Museumsinsel)
18. **Berliner Dom, 1893–1905,** Architekt: Julius Carl Raschdorff (Am Lustgarten)
19. **Landgericht I und Amtsgericht Mitte, 1896–1905,** Architekten: Paul Thoemer und Otto Schmalz (Neue Friedrichstraße 12–17, heute Littenstraße)
    Der dringend benötigte Gerichtsneubau entstand auf dem mit über 21 000 Quadratmeter größten Grundstück Alt-Berlins. Die Errichtung des dreizehn Höfe umschließenden Neubaus erfolgte in zwei Bauabschnitten. Die beiden Haupttreppenhäuser, von denen das in der Neuen Friedrichstraße erhalten geblieben ist, zeugen von der virtuosen Beherrschung eines opulenten Jugendstils.
20. **Märkisches Museum, 1899–1908,** Architekt: Ludwig Hoffmann (Am Köllnischen Park)
21. **GASAG-Verwaltung, 1906–09,** Architekt: Ludwig Hoffmann (Neue Friedrichstraße 109, heute Littenstraße 109)
22. **Warenhaus Wertheim, 1910,** Architekten: Kayser & von Groszheim (Königstraße 32, heute Rathausstraße)
    Der stark umkämpfte Abbruch der Königskolonnaden zugunsten eines Warenhausneubaus erfolgte im Jahr 1910. Die nach Entwurf von Gontard um 1780 entstandenen Kolonnaden versetzte man in den Schöneberger Kleistpark, wo sie heute noch stehen.
23. **Altes Stadthaus, 1902–11,** Architekt: Ludwig Hoffmann (Jüdenstraße 34–42, Parochialstraße 9–18, Klosterstraße 47–59, Stralauer Straße 15–22)
    Die stetig wachsende Stadtverwaltung und deren Verteilung auf zahlreiche Standorte führte 1895 zur Entscheidung, in dem Baublock zwischen Stralauer, Jüden-, Parochial- und Klosterstraße ein zweites, technisches Rathaus zu bauen. Nach dem Erwerb von einundvierzig Grundstücken (ca. 13 000 Quadratmeter) im Jahre 1898 wurde von 1902 bis 1911 das etwa tausend Beamten Platz bietende »Neue Stadthaus« unter Ludwig Hoffmanns Oberleitung errichtet. Trotz seiner eindrucksvollen Westfassade hat dieser Bau, seit der Fertigstellung des zweiten Stadthauses 1938 als »Altes Stadthaus« bezeichnet, dem Roten Rathaus seine Rolle als baulicher Repräsentant der Kommune nie streitig gemacht.

»Berlins Entwicklung in 25 Jahren, von 1870 bis April 1895« (Ausschnitt), um 1897

Bericht über die Gemeindeverwaltung 1898, S. 46–47 (Dank an Gert Lehnhardt, Berlin)

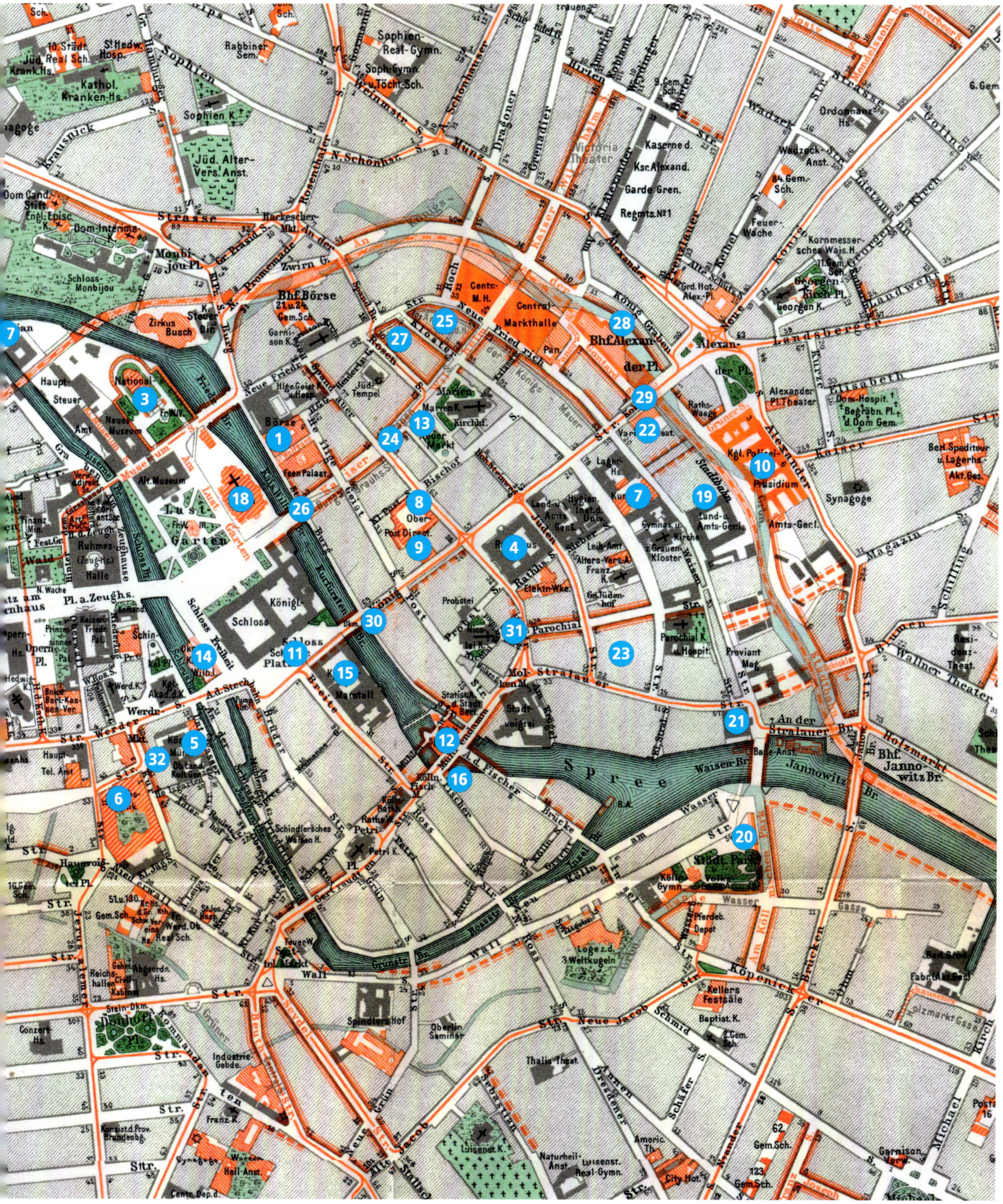
Sophien-Real-Gymn.
Kathol. Kranken-Hs.
Sophien K.
Jüd. Alter-Vers. Anst.
Dom-Interims-K.
Schloss-Monbijou
Zirkus Busch
Bhf. Börse
Victoria Theater
Central-Markthalle
Bhf. Alexan-der Pl.
Alexander Pl. Theater
Kgl. Polizei-Präsidium
Synagoge
Neues Museum
Alt. Museum
Lust-Garten
Zeughaus
Schloss
Marstall
Börse
Marien K.
Ober-Post Direct.
Land-u. Amts-Ger.
Parochial
Spree
Bhf. Janno-witz Br.
Jannowitz Br.
Logez.d. 3 Weltkugeln
Köpenick
Kellers Festsäle
Spindlers Hof
Thalia Theat.
Luisenst. K.
Luisenst. Real-Gymn.
Dom-Hospit.
Elisabeth
Landsberger
Alexander
Strasse
Kaiser
Magazin
Holzmarkt
Neue Jacob
Schmid
Michael
Sebastian
Alte Jacob
Grünstr. Br.
Wall
Petri K.
Hausvoig. Pl.
Spittel
Werder
Industrie-Gebde.

[25]

F. Albert Schwartz (1836–1906): Abrissbrache zwischen Kloster- und Neuer Friedrichstraße, 1877/78

Zwischen Kloster- und Neuer Friedrichstraße lag die Gasse An der Königsmauer. Der Abbruch des langgestreckten Häuserblocks war der erste Schritt zur Durchlegung der Kaiser-Wilhelm-Straße.

Landesarchiv Berlin, F Rep. 290, Nr. 61/2560 und 61/2568

Grundriß der Kaiser-Wilhelm-Straße. Übersicht über die Neu- und Bestandsbauten, März/April 1889

Durch die Abbrüche für die neue Straße verschwand das Rotlichtquartier An der Königsmauer und die Marienkirche wurde auf der West- und Nordseite freigestellt. Die Anlage der neuen Straße war für die Stadt ein Verlustgeschäft. Der Plan, die hohen Grunderwerbskosten über den Verkauf nicht benötigter Flächen wieder auszugleichen, blieb stets Wunschdenken. Der zentrale Wunsch, mit dieser neuen Straße ein verhasstes Unterschichtenquartier – eben die Gasse An der Königsmauer – zu beseitigen, überwog alle vernünftigen Einwände und verhinderte eine verkehrstechnisch und wirtschaftlich rationale Planung.

Landesarchiv Berlin, Pr.Br.Rep. 30 Bln. C, Nr. 18274

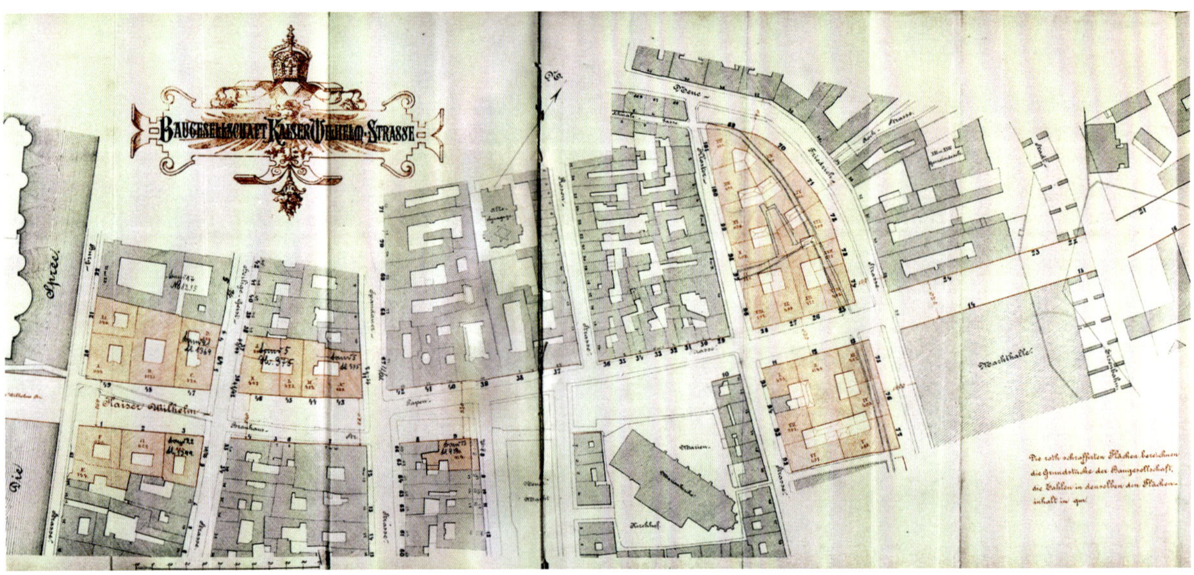

[26]

Bau der Kaiser-Wilhelm-Brücke und der Kopfbauten der Kaiser-Wilhelm-Straße, 1887

Landesarchiv Berlin, F Rep. 290, Nr. 61/4219

[27]

Georg Bartels:
Abriß des 31 Häuser umfassenden Häuserblocks zwischen Rosen- und Klosterstraße, 2. November 1894

1892, während der Durchbruch der Kaiser-Wilhelm-Straße und der Mühlendammumbau im Gang waren, wurde die Verbreiterung der zwischen Kaiser-Wilhelm- und Neuer Friedrichstraße gelegenen Rosenstraße wegen des vermehrten Verkehrs insbesondere auch der Pferdebahn beschlossen. An Stelle der 1894 abgebrochenen Häuser der Ostseite der Rosenstraße wurden 1894/95 sechs große Geschäftshäuser nach Entwürfen von Cremer & Wolffenstein und Otto March hinter der um einige Meter zurückgesetzten neuen Baufluchtlinie errichtet.

Landesarchiv Berlin, F Rep. 290, Nr. 61/3170

[28]

F. Albert Schwartz (1836–1906): Bau des Stadtbahn-Bahnhofs Alexanderplatz, um 1879

Landesarchiv Berlin, F Rep. 290, Nr. 61/1149

[29]

Ostende der Königstraße (heute Rathausstraße) mit den Königskolonnaden, 1910

Der stark umstrittene Abbruch der Königskolonnaden erfolgte im Jahr 1910, um für eine Filiale des Warenhauses Wertheim (Architekten Kayser & von Groszheim) Platz zu schaffen. Die nach Entwurf von Carl von Gontard um 1780 entstandenen Kolonnaden versetzte man in den Schöneberger Kleistpark, wo sie heute noch stehen.

Landesarchiv Berlin, F Rep. 290, Nr. II 3184

[30]

Hermann Rückwardt (1845–1919): Palais Wartenberg (»Alte Post«), Burgstraße Ecke Königstraße einige Jahre vor dem Abbruch, 1885

Landesarchiv Berlin, F Rep. 290 (02), Nr. 294374

[12]

Die Kolonnade auf der Nordseite des Mühlendamms kurz vor dem Abbruch, Sommer 1887

Der Mühlendamm war DAS Nadelöhr des Berliner Straßenverkehrs. 1886 bis 1887 wurde die Bebauung des Mühlendamms abgerissen. Im neuen Damm-Mühlendammgebäude Mühlendamm-Gebäude (erbaut 1890–1895, Architekten Friedrich Ludwig Persius und Hermann Blankenstein) residierte ab 1895 die Städtische Sparkasse. Zusammen mit der Kaiser-Wilhelm-Straße war der Umbau des Mühlendamms der bedeutendste kaiserzeitliche Eingriff in den Stadtkern.

Landesarchiv Berlin, F Rep. 290-09-01 Nr. 64/1009

[31]

Abriss der Gassen östlich des Chores der Nikolaikirche für das »Kaufhaus Spandauer Straße«, 1899

Landesarchiv Berlin, F Rep. 290, Nr. 61/3872

[32]

F. Albert Schwartz (1836–1906): Fürstenhaus auf dem Friedrichswerder (Kurstraße 52/53) kurz vor dem Abbruch, o. D.

Architekturmuseum der TU Berlin, Nr. F 010

[14]

Bau des Kaiser-Wilhelm-Nationaldenkmals auf der Schloßfreiheit (Einweihung 1897, Bildhauer Reinhold Begas), um 1895

Die malerischen Häuser der erstmals im 17. Jahrhundert bebauten Schlossfreiheit wurden im Sommer 1894 niedergelegt. Die Einweihung des von Reinhold Begas entworfenen Nationaldenkmals erfolgte am 22. März 1897 zum hundertjährigen Geburtstag von Kaiser Wilhelm I.

Kunstbibliothek zu Berlin – Preußischer Kulturbesitz

[4]

Waldemar Titzenthaler (1869–1937):
Rotes Rathaus in der Königstraße (heute Rathausstraße), erbaut 1861–71 (Architekt Hermann Friedrich Waesemann)

Der Neubau des Rathauses war 1869 im Äußeren fertiggestellt, im Inneren wurde noch einige Jahre an der Ausgestaltung gearbeitet. Das neue Rathaus stand im Mittelpunkt der Aufmerksamkeit, als am 17. April 1871 in seinen Festsälen der neu gewählte Reichstag erstmals zusammentrat.

Landesarchiv Berlin, F Rep. 290 (02), Nr. 26316

[23]

Ernst von Brauchitsch (1856–1932):
Das (Alte) Stadthaus in der Jüdenstraße, erbaut 1902–11
(Architekt Ludwig Hoffmann), um 1911

Die stetig wachsende Stadtverwaltung und deren Verteilung auf zahlreiche Standorte führte 1895 zu der Entscheidung, auf dem Block zwischen Stralauer-, Jüden-, Parochial- und Klosterstraße ein zweites Rathaus zu bauen. Nach dem Erwerb von 41 Grundstücken (ca. 13 000 Quadratmeter) im Jahr 1898 wurde von 1902 bis 1911 das etwa tausend Beamten Platz bietende »Neue Stadthaus« unter Ludwig Hoffmanns Oberleitung errichtet.

Stiftung Stadtmuseum Berlin, Photosammlung, Inv.-Nr. SK 01/261 VF, Reproduktion Michael Setzpfandt, Berlin

[18]

Pulkrabeck:
Der Berliner Dom entstand mit Hilfe eines riesigen Holzgerüstes, 13. Juni 1897

Landesarchiv Berlin, F Rep. 290 (02), Nr. 70417

[18]

Franz Stoedtner:
Berliner Dom von der Schlossterrasse gesehen, o. D.

Foto Marburg, Nr. 826217

[1]

Berliner Börse in der Burgstraße, eingeweiht 1863 (Architekt Friedrich Hitzig), kurz vor Beginn der Bauarbeiten für die Erweiterung, 1880 (oben), und nach der Erweiterung, um 1900 (unten)

Der Neubau für die damals die wichtigste Börse des europäischen Festlandes stellte einen Meilenstein der städtebaulichen Modernisierung Alt-Berlins dar. Das 1863 fertiggestellte Gebäude musste bereits nach achtzehn Jahren erweitert werden, wofür ein Teil der Heiligegeistgasse überbaut wurde.

Landesarchiv Berlin, F Rep. 290, Nr. 61/1866 (oben); Archiv Eckhard Thiemann (unten)

[8]

Oberpostdirektion in der Spandauer Straße, erbaut 1877–82 (Architekten Carl Schwatlo und August Wilhelm Kind), um 1883

Zwischen 1877 und 1884 entfaltete die Reichspost in Alt-Berlin eine rege Bautätigkeit. Dieser sehr repräsentative Bau zitierte mit seinen achtzehn Fensterachsen und dem großem Mittelrisalit die Fassade des Zeughauses.

Geheimes Staatsarchiv Preußischer Kulturbesitz, IX. HA Bilder, Nr. I 620

[6]

Zentrale der Reichsbank in der Jägerstraße, erbaut 1869–78 nach Entwurf von Friedrich Hitzig. Ansicht von der Oberwallstraße, um 1920

Berlin-Mitte-Archiv, Nr. 7250

GROSSSTÄDTISCHE MITTE

Das Epochenjahr 1910

Durch den Neubau zahlreicher Wohn- und Geschäftshäuser sowie der beschriebenen Monumentalgebäude entstand bis zum Ende der Kaiserzeit eine zeitgemäße Innenstadt, die allein in den Randlagen und einigen Gassen noch vormoderne Häuser aufwies. Von den Gebäuden der Altstadt stammten nur noch einige wenige aus dem Mittelalter und zirka ein Drittel aus der Frühen Neuzeit. Der Berliner Stadtkern war – wie die meisten europäischen Großstadtkerne vor dem Ersten Weltkrieg – baulich wie funktional modernisiert und monumentalisiert worden. Die Hochphase dieses Stadtumbaus war 1910 abgeschlossen. Berlin war zu einer im europäischen Maßstab bedeutenden Metropole geworden. Das Jahr 1910 kann als Epochenzäsur gelten – auch weil sich die Stadtplanung als Disziplin endgültig etabliert hatte. Eine moderne Planungs- und Ordnungsbegeisterung, die auf eine einheitliche Neugestaltung ganzer Stadtregionen unter besonderer Berücksichtigung der Erfordernisse des Verkehrs abzielte, hatte Oberhand über die traditionelle städtebauliche Ästhetik gewonnen.

Paradoxerweise waren um 1910 auch die Großstädten stets immanenten hygienischen Probleme längst technisch gelöst (und weitestgehend umgesetzt), als die Stadtplaner nunmehr zum Totalumbau des Berliner Stadtraums aufriefen. Zeitgenossen empfanden das jetzt erreichte Gleichgewicht zwischen Tradition und Moderne, das der vierfarbige Übersichtsplan von Julius Straube und die Panoramafotografien von den Türmen der Altstadt herab anschaulich machen, als Chaos und faulen Kompromiss.

Dennoch begann 1910 für den Stadtkern eine lange Phase der Ruhe: In den folgenden fünfundzwanzig Jahren sollten nur eine Handvoll Abbrüche und Neubauten zu verzeichnen sein.

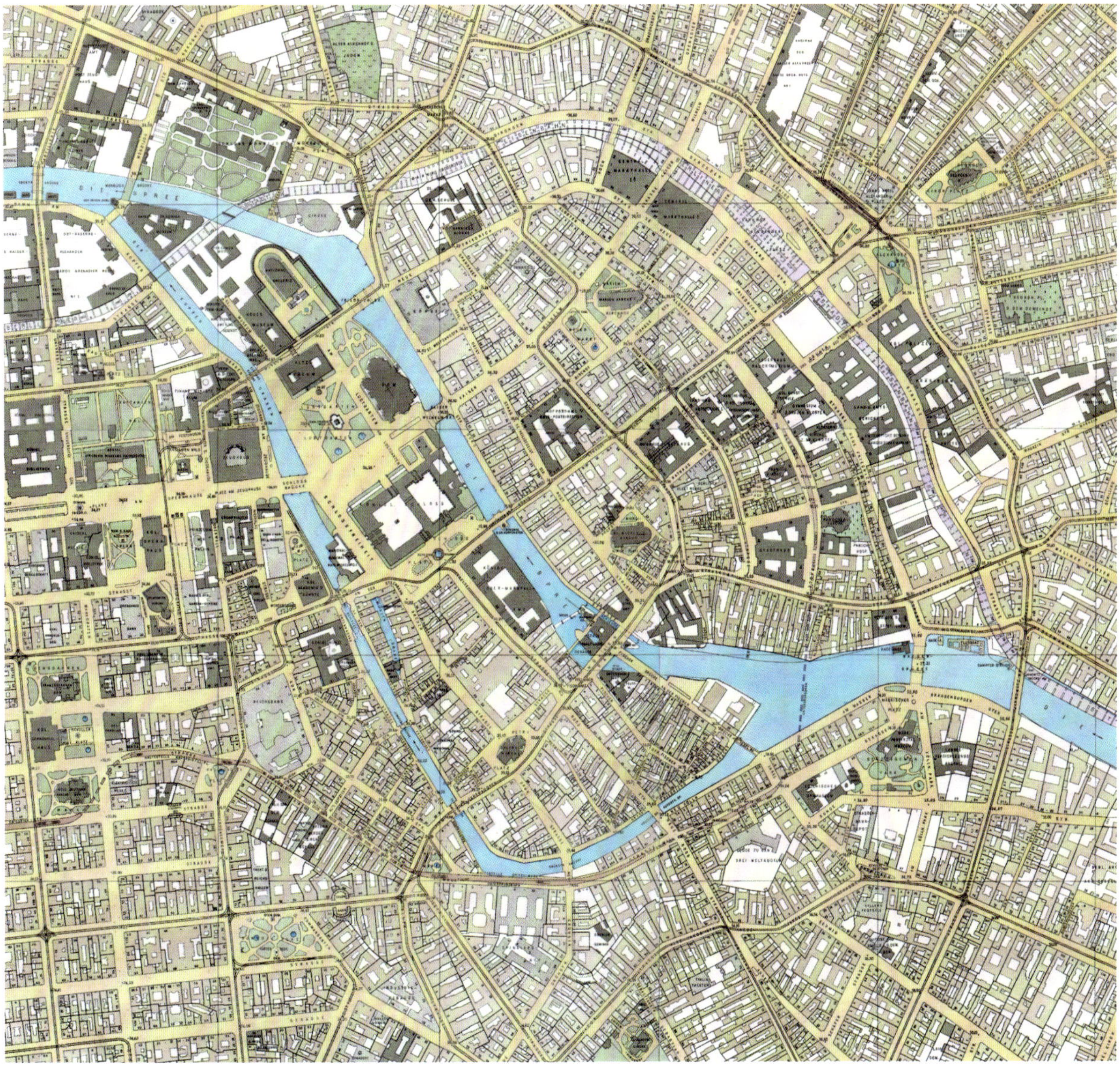

Julius Straubes Übersichtsplan von Berlin, 1910 (Ausschnitt, Maßstab des Originals 1 : 4000)

Der Straube-Plan ist der Höhepunkt der Berliner Kartographie. Dieser Ehrentitel rührt zum einen von seinem anschaulichen Kartenbild her, zum anderen von seinem Zeitstand, dem Höhepunkt der städtebaulichen Entwicklung Berlins. Zwischen 1856 und 1910 wurde die Innenstadt grundlegend modernisiert, die Mehrzahl der Häuser ausgetauscht und zahlreiche Straßen aufgeweitet oder neu durchgebrochen. Nach 1910 kam die Bautätigkeit für 25 Jahre zum Erliegen.

Staatsbibliothek zu Berlin – Preußischer Kulturbesitz, Kartenabteilung

Kaiser Wilhelm Ged.-Kirche.
Dorotheenkirche.
Reichstag
Heilandskirche.
Zeughaus.
Lustgarten.
Strasse am Kupfergraben.
Altes Museum.

Gnadenkirche.
Synagoge.
Sebastiank.
Himmelfahrtskirche.
Neues Museum.
Nationalgallerie.
Cirkus Busch.

Bartholomäuskirche.
Georgenkirche.
Polizei-Präsidium
Marienkirche.

Georgenkirche.
Markuskirche.
Rathaus.
Andreaskirche.
Marienkirche.
Polizei-Präsidium.
Hauptpost.
Ecke der Kaiser Wilhelm-Str.

Schlosskuppel.
Jerusalemerkirche.
Anh. Bahnh.
Deutscher Dom.
Schauspielh.
Französ. Dom.
Königl. Schloss.
Nationaldenkmal.
Schinkelplatz.
Werdersche Kirche.
Schlossbrücke.
Hedwigskirche.

Schauspielhaus.
Pal. Kais. Friedr. III.
Opernhaus.
Bibliothek.
Pal. Kais. Wilh. I.
Universität.
Reichstag.
Kommandantur
Str. Unter d. Linden.
Ruhmeshalle.
Friedr. Wilhelm III.
Lustgarten.

Otto Raschdorff (1854–1915):
Panorama vom Dom (»Rundbild in 10 Abtheilungen von der Kuppel des neuen Domes aus photographisch aufgenommen«), um 1903

Stiftung Stadtmuseum Berlin, Inv.-Nr.: XIII 7423, Reproduktion: Oliver Ziebe, Berlin

Max Ziegra (1858 – nach 1947?):
Panorama vom Turm des Berliner Rathauses, 1896

Stiftung Stadtmuseum Berlin,
Inv.-Nr.: SM 2010-0911
Reproduktion: Michael Setzpfandt, Berlin

Max Missmann (1874–1945):
Blick vom Rathausturm in Richtung Westen, 1904

Stiftung Stadtmuseum Berlin, Inv.-Nr.: SK 00/78 VF
Reproduktion: Michael Setzpfandt, Berlin

Waldemar Titzenthaler (1869–1937):
Panorama vom Rathausturm,
5. August 1899

Privatsammlung, Berlin

Blick vom Dach des Schlosses auf den Marstall und die Burgstraße (Geschäftshaus »Neue Post«), o. D.

http://www.bilderbuch-berlin.net, Nr. 298855

Waldemar Titzenthaler (1869–1937): Panorama des Schlosses von Westen mit Lustgarten, 1903

Landesarchiv Berlin, F Rep. 290 (02), Nr. 0403699

Gebrüder Haeckel: Blick vom Stadthaus, um 1910

Sammlung Gert Lehnhardt, Berlin

Gebrüder Haeckel:
Blick vom Rathausturm auf den Häuserblock zwischen Königstraße, Hoher Steinweg und Bischofstraße, 1910

akg/Willo Göpel

Gebrüder Haeckel:
Blick vom Rathausturm auf den Postblock C2 und den Dom, um 1910

akg/Willo Göpel, Nr. 5-B1-E15-1910-1

Gebrüder Haeckel:
Blick vom Rathausturm auf die Königstraße und den Bahnhof Alexanderplatz, 1910

akg/Willo Göpel, Nr. 5-B1-G15-1910-2

Albert Vennemann: Blick von der Marienkirche in Richtung Berliner Rathaus, um 1925

Stiftung Stadtmuseum Berlin, Inv.-Nr. IV 65/1150 Vb, Reproduktion Michael Setzpfandt, Berlin

VERPLANTE MITTE

Ersehnte Zerstörung zwischen 1910 und 1933

Nach 1900 verlangsamte sich die Geschwindigkeit des Stadtumbaus deutlich, weshalb die Berliner Architektenschaft 1908 in Selbsthilfe die Ausschreibung des Wettbewerbs »Groß-Berlin« für das Jahr 1910 organisierte. Dieser Wettbewerb markiert den Beginn einer Epoche utopischer Berliner Städtebaupolitik. Ziel des Wettbewerbs war eine radikale bauliche Veränderung der Stadt: Deren Umbau geriet zum Selbstzweck. Der bekannte Berliner Architekt Otto March äußerte sich im Vorfeld des Wettbewerbs programmatisch zur Städtebaupolitik der Zukunft: »Es scheint unabwendbar, daß hier einst eine Blut- und Eisenpolitik einzusetzen hat, wobei erstere durch schmerzliche, unfreiwillige Opfer dargestellt wird, letztere durch die Spitzhacke, die heilsame Durchbrüche für die vordringenden Verkehrswogen schaffen muß.«

Trotz internationaler Ausschreibung gingen nur siebenundzwanzig Beiträge Berliner Architekten ein. Der Wettbewerb wurde aber durch eine aufwendige Pressearbeit und Vermarktung doch noch zu einem Erfolg für Veranstalter und Teilnehmer. Neben weiteren Straßendurchbrüchen wurden vor allem in der südlichen Altstadt einige Großbauten empfohlen. Der Hauptbearbeiter der Wettbewerbsunterlagen, Hermann Jansen, gewann einen der zusammengelegten ersten und zweiten Preise. Jansen forderte großzügige Durchbrüche, »die wieder Vernunft und Geschmack in den Riesenkörper der künftigen Weltstadt bringen«. Seine Forderungen waren ein »Schlachtruf für Abrisse in der Altstadt« (Bodenschatz/Radicke). Doch die Schlachtrufe des Wettbewerbs verhallten ungehört, der Wettbewerb blieb städtebaulich folgenlos.

Kriegs- und krisenbedingt wurde die Neugestaltung der Innenstadt erst wieder ab 1926 energisch vorangetrieben, jetzt durch den Magistrat. Insbesondere beteiligten sich die beiden Stadträte Hermann Hahn, Stadtrat für Tiefbau seit 1920, und Martin Wagner, Stadtrat für Hochbau und Siedlungswesen von 1926 bis 1933, an den Planungen. Sie bildeten ein Duo, das die bauliche Erneuerung Berlins fast um jeden Preis durchsetzen wollte. Hahn und Wagner wurden bestärkt durch die Ideen des Volkswirtschaftlers und Stadttheoretikers Martin Mächler.

Die wichtigsten innerstädtischen Großprojekte in dieser Zeit waren neben der Umgestaltung des Alexanderplatzes und des Mühlendamms die Sanierungen der alten Wohn- und Gewerbegebiete im Süden Alt-Berlins und Alt-Cöllns. Ein bestallter Propagandist der Magistratspläne dieser Jahre, Alfons Paquet, forderte sogar, den gesamten historischen Stadtkern in eine Grünanlage zu verwandeln!

Ludwig Hilberseimer, Städtebaulehrer am Dessauer Bauhaus, entwarf in den 1920er Jahren, angeregt durch Le Corbusier, Idealstädte aus in Nord-Süd-Richtung aufgereihten vielgeschossigen Hochhausscheiben. Ein eklatantes Beispiel für das Hilberseimer'sche Stadtverständnis ist das Planspiel einer

»Vertikalen Stadt« auf dem Gebiet Alt-Berlins aus der Zeit um 1932/33, dem er den Titel »Erneuerung der Berliner Altstadt« gab: Acht H-förmige Hochhäuser sollten die gesamte vorhandene Bebauung einschließlich der Nicolai- und Marienkirche und des Rathauses ersetzen. Hilberseimers Skizze wirkt wie eine Illustration zu Le Corbusiers Diktum: »Wohin eilen die Automobile? Ins Zentrum! Es gibt keine befahrbare Fläche im Zentrum. Man muß sie schaffen. Man muss das Zentrum abreißen.«

Der von 1929 bis 1931 ausgeführte Abriss des Häuserblocks zwischen König-, Neuer Friedrich-, Gruner- und Klosterstraße zugunsten eines Erweiterungsbaues des Kaufhauses Wertheim provozierte in besonderer Weise die urbane Gretchenfrage: Wie halten wir es mit den Baudenkmälern? Beim Abriss des Königlichen Lagerhauses in der Klosterstraße 76 im Mai 1931 bestätigte sich, dass einige Bauteile vom spätmittelalterlichen »Hohen Haus«, der Stadtresidenz der askanischen Markgrafen, stammten. Angesichts der im Zuge der Abrissarbeiten freigelegten vier Meter hohen gotischen Tür- und Fensterportale erhob sich Widerstand gegen die Beseitigung dieses ältesten und bedeutendsten profanen Baudenkmals der Stadt, blieb aber vergeblich. Auch der Vorschlag, wenigstens das Hauptportal als Eingang der Warenhauserweiterung *in situ* zu bewahren, wurde verworfen. Stattdessen wurde es in die Große Halle des Märkischen Museums versetzt. Die Berliner Denkmalpflege begnügte sich mit einer kunsthistorischen Mobilie anstelle einer geschichtsträchtigen Immobilie.

Als Fazit der Planungen für das Berliner Stadtzentrum in der Weimarer Republik lässt sich festhalten, dass die Verantwortungsträger der Stadt ausgesprochen bestandsfeindliche Grundüberzeugungen hegten, die wirtschaftliche Lage aber keine städtebaulichen Experimente zuließ und der funktionierende Rechtsstaat die Verwaltung daran hinderte, die Stadt innerhalb weniger Jahre nach ihren Vorstellungen umzugestalten.

Schrägluftbild der Altstadt (Schultafel »Siedlungsformen. Stadtanlagen. Mittelalterlicher Kern«), 1928

Museum Europäischer Kulturen – Staatliche Museen zu Berlin, bpk-Nr. 40000823

Ludwig Hilberseimer (1885–1967): Blick von der Schloßbrücke auf Alt-Berlin, 1932/33

Hinter Dom und Schloss ragt ein Dutzend Hochhausscheiben in die Höhe,

Illinois Institute of Technology, Chicago, zitiert nach: Rassegna 27/3 (September 1986), S. 7–25, hier S. 21

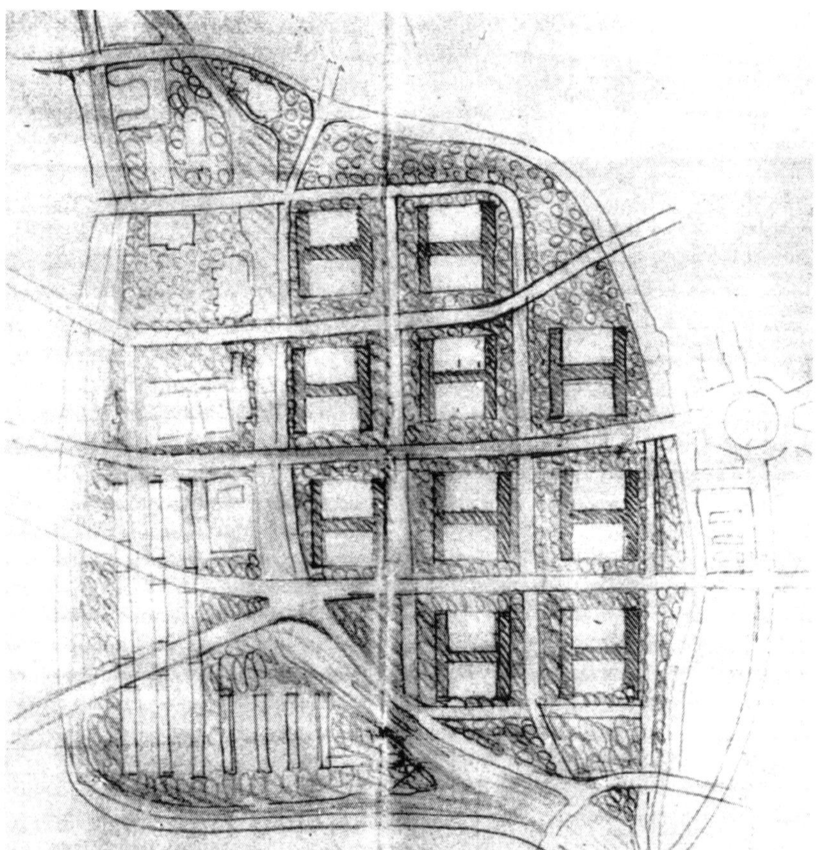

Büro Ludwig Hilberseimer (1885–1967): Skizze für ein modernes Stadtzentrum auf dem Gebiet Alt-Berlins, um 1932/33

Acht H-förmige Hochhäuser sollten die gesamte vorhandene Bebauung einschließlich der Nikolai- und Marienkirche und des Rathauses ersetzen. Hilberseimers Skizze wirkt wie eine Illustration zu Le Corbusiers Diktum: »Wohin eilen die Automobile? Ins Zentrum! Es gibt keine befahrbare Fläche im Zentrum. Man muß sie schaffen. Man muß das Zentrum abreißen.«

Illinois Institute of Technology, Chicago, zitiert nach: Rassegna 27/3 (September 1986), S. 7–25, hier S. 21

Ludwig Hilberseimer (1885–1967): Das Prinzip der »Vertikalen Stadt« visualisiert für die Friedrichstadt westlich des Gendarmenmarktes zwischen Unter den Linden und Kronenstraße, um 1928

Illinois Institute of Technology, Chicago, zitiert nach: La ville, art et architecture en Europe, 1870–1993, Paris 1994, S. 303

Ludwig Hilberseimer (1885–1967): Schauzeichnung der »Vertikalen Stadt« (Nord-Süd-Perspektive), 1924

Illinois Institute of Technology, Chicago, zitiert nach: La ville, art et architecture en Europe, 1870–1993, Paris 1994, S. 283

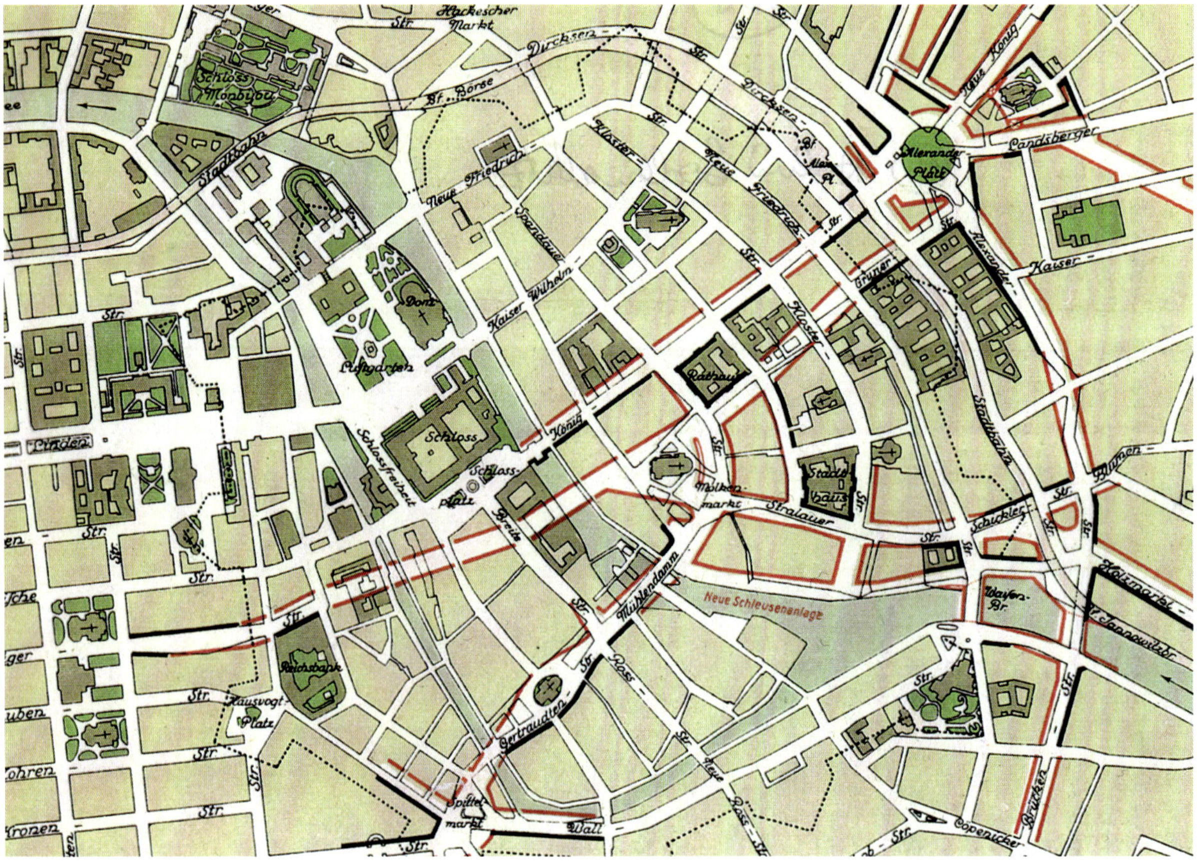

Geplante Straßendurchlegungen und -verbreiterungen in der Innenstadt (Vorlage für die Stadtverordneten-versammlung), März/April 1930

Sammlung Harald Bodenschatz, Berlin

Magistrat von Berlin, Abteilung Tiefbau: Entwurf für eine Mühlendammbrücke samt Umfeld – mit und ohne Palais Ephraim, 1931

Landesarchiv Berlin, A Rep. 010-01-02, Nr. 1798

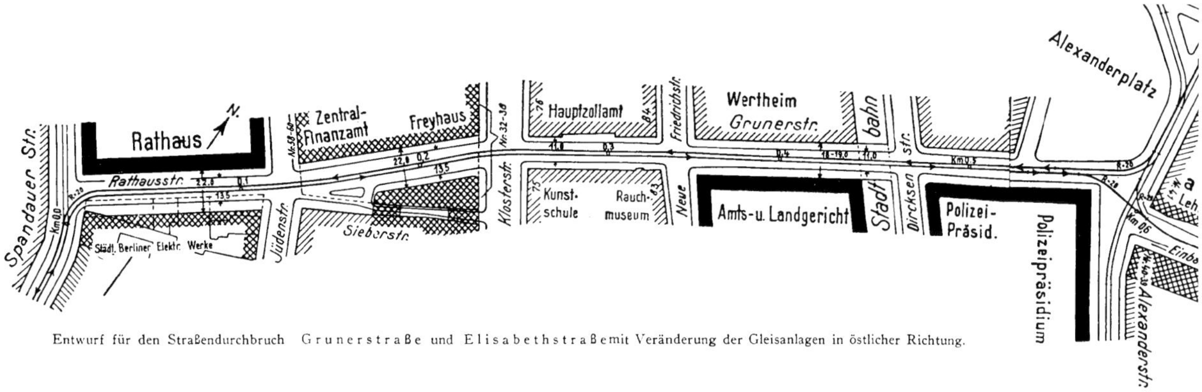

Ernst Giese: Plan einer südlichen Entlastungsstraße für die Königstraße, 1925

Ernst Giese: Straßendurchbrüche als Mittel für die Lösung des Berliner Verkehrsproblems, Berlin 1925, S. 83/84

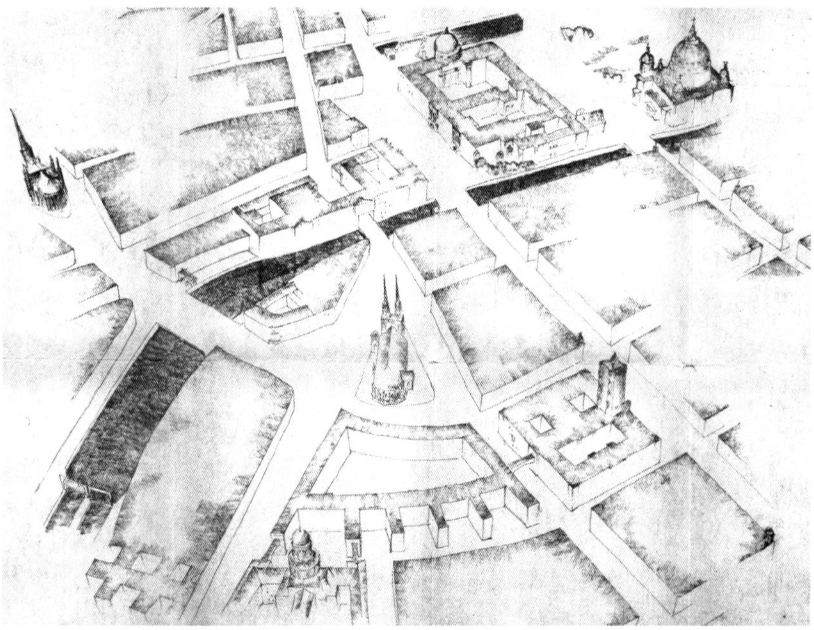

Vogelschauansicht des Durchbruchs Grunerstraße – Jägerstraße, Juni 1931

Landesarchiv Berlin, A Rep. 010-01-02, Nr. 1804, Anlage 4

Richard Ermisch (1885–1960): Entwurf eines Dritten Rathauses der Stadt Berlin, 1931

Deutsche Bauzeitung 65 (1931), S. 41

Willy Römer (1887–1979):
Fotoamateure im Krögel, 1928

Der Krögel, der malerischste und meistphotographierte Bereich der Altstadt, hat ein wenig bekannte Vorgeschichte: Er stand 1935, als er schließlich der Reichsmünze weichen musste, bereits seit siebzig Jahren auf Abbruch. Deswegen war die Bauwerksunterhaltung vernachlässigt und so ein malerischer Anblick geschaffen worden. Für die Zwischenkriegszeit belegen zahlreiche Reiseführer, Bücher und Photographien, auf denen Besuchergruppen zu sehen sind, ein populäres und nostalgisches Interesse an Alt-Berlin. Die vorherrschende kulturelle Abwertung verhinderte jedoch den Erhalt des Krögels.

bpk-images, Nr. 50132122

Durch den Abbruch freigelegte Fassade des Hohen Hauses in der Klosterstraße, 14. Mai 1931

Landesarchiv Berlin, F Rep. 290, Nr. 201801

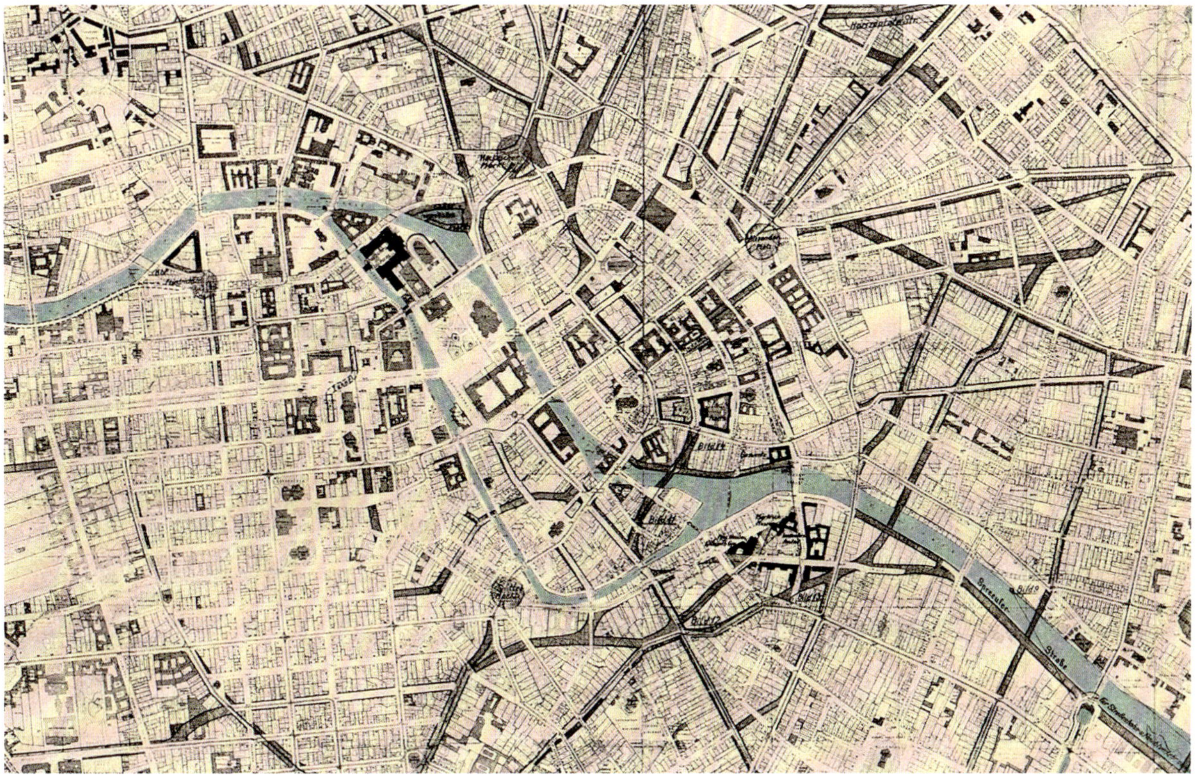

Hermann Jansen (1869–1945): »Durchbrüche«. Plangraphik für die Innere Stadt aus der Dokumentation des Wettbewerbs Groß-Berlin 1910, 1909

Der bekannte Berliner Architekt Otto March äußerte sich im Vorfeld des Wettbewerbs Groß-Berlin programmatisch zur Städtebaupolitik der Zukunft: »Es scheint unabwendbar, daß hier einst eine Blut- und Eisenpolitik einzusetzen hat, wobei erstere durch schmerzliche, unfreiwillige Opfer dargestellt wird, letztere durch die Spitzhacke, die heilsame Durchbrüche für die vordringenden Verkehrswogen schaffen muß.« Neben vielen Straßendurchbrüchen wurden von etlichen Teilnehmern in der südlichen Altstadt Großbauten empfohlen.

Architekturmuseum der TU Berlin, Nr. B 2619,04

Hermann Jansen (1869–1945): Verkehrsplanung für die Innenstadt zwischen dem Molkenmarkt und der Alten- und Neuen Jakobstraße im Rahmen des Wettbewerbs Groß-Berlin 1910, 1. Dezember 1909

Architekturmuseum der TU Berlin, Nr. 20540

Hermann Jansen (1869–1945):
Schauzeichnung zum Durchbruch »Neue Jüdenstraße« und dem sie querenden neuangelegten »Rolandufer«, ca. 1909

Architekturmuseum der TU Berlin, Nr. 20524,2

Bau der U-Bahn in der Königstraße (heute Rathausstraße), 13. August 1927

Unternehmensarchiv der Bilfinger SE, Mannheim

Blick vom Rathausdach auf die Baustelle des Salamander-Hochhauses (Architekt Johann Emil Schaudt), Königstraße 47, Ecke Hoher Steinweg, 1930

Stiftung Stadtmuseum Berlin, Photosammlung, Inv.-Nr. SM 2010-0895, Reproduktion Michael Setzpfandt, Berlin

ZERSTÖRTE MITTE

Umbau und Raub zwischen 1933 und 1945

Auch in der nationalsozialistischen Zeit sollte die Berliner Innenstadt grundsätzlich umgestaltet werden. Das künftige Hauptzentrum war entlang der neuen Nord-Süd-Achse, westlich der Friedrichstadt, vorgesehen. Außerdem sollte eine Ost-West-Achse im Zuge der Allee Unter den Linden die Nord-Süd-Achse kreuzen. Die im Verlauf der Ost-Achse liegende kaiserzeitliche Kaiser-Wilhelm-Straße sollte erneut aufgeweitet werden. Zudem war geplant, den lange geplanten Umbau der südlichen Altstadt endlich in Angriff zu nehmen. 1934 begann die große Zerstörungswelle. Während der Ausbau der Ost-Achse über etliche Abbrüche nicht hinauskam, erfolgte ein flächenhafter Abriss des südlichen Alt-Berlins im Zuge der sogenannten Sanierung des Rolandufers – ein Umbau, der bis heute wenig bekannt ist. In diesem Kontext wurde auch das Ensemble aus Mühlendamm und Fischerbrücke abgebrochen. Auch der bedeutendste Platz des mittelalterlichen Berlins, der Molkenmarkt, und die beiden östlich angrenzenden Häuserblöcke mussten weichen. Im Bereich des Nikolaiviertels war eine Art Altstadtmuseum mit historischen Fassaden vorgesehen, die andernorts abgebrochen worden waren; dieses Vorhaben wurde jedoch nicht umgesetzt. Für die Erweiterung der Reichsbank wurden fünf Häuserblöcke auf dem Friedrichswerder niedergelegt.

Teil der antisemitischen Rassenpolitik der Nationalsozialisten war die »Arisierung« genannte Enteignung jüdischen Eigentums. Von den 1.200 Grundstücken des Stadtkerns im Jahr 1933 wurden mindestens 225 »arisiert«. Mit der Verfolgung, Vertreibung und schließlich Ermordung einer Vielzahl der jüdischen Eigentümer zwischen 1933 und 1945 wurde das jüdische Leben in der Stadt, das von Anbeginn eng mit der Stadtgeschichte verbunden war, brachial beendet.

Das enge Zusammenspiel zwischen Stadtplanung und »Arisierung« diente dem Umbau der Altstadt im Zuge der »Welthauptstadt«-Planungen. Die für das Ziel einer »Entjudung« des Grundbesitzes geschaffenen Gesetze erleichterten die Umsetzung der Planungen. Ab 1938 wurden zum Beispiel alle Grundeigentümer gezwungen, ihre Grundstücke, die im Einzugsbereich der Planungen des Generalbauinspektors lagen, zu verkaufen. Ab 1941 beziehungsweise 1943 wurden die Bestimmungen der 11. und 13. Verordnungen zum Reichsbürgergesetz angewandt, die festlegten, dass die Vermögen und Grundstücke der emigrierten oder deportierten Juden ohne Entschädigung und ohne weiteren Verwaltungsakt ans Reich fielen.

Im Berliner Stadtkern sind nach 1990 nur drei unbebaute und zwölf bebaute ehemals jüdische Grundstücke rückübertragen worden. Die anderen 210 geraubten Grundstücke verblieben im Besitz des Bundes und des Landes Berlin – ihre Alteigentümer wurden nur zu einem Bruchteil des Marktwertes der 1990er Jahre entschädigt.

Eine Folge des Stadtumbaus im Nationalsozialismus war die funktionale Verödung des südlichen Alt-Berlins, vor allem aber die sich langfristig auswirkende Teilung Alt-Berlins in drei Streifen – den Restbereich nördlich der Ost-Achse (heute Karl-Liebknecht-Straße), den (heute grün geprägten) Freiraum zwischen Ost-Achse und Grunerstraße sowie den Bereich von Alt-Berlin südlich der Grunerstraße. Diese Dreiteilung hat eine Entsprechung in Alt-Cölln: ein zur Bedeutungslosigkeit modernisierter Südteil (Fischerkiez), ein bürgerlicher Mittelteil (Breite Straße und Brüderstraße) sowie Schloßplatz und Museumsinsel.

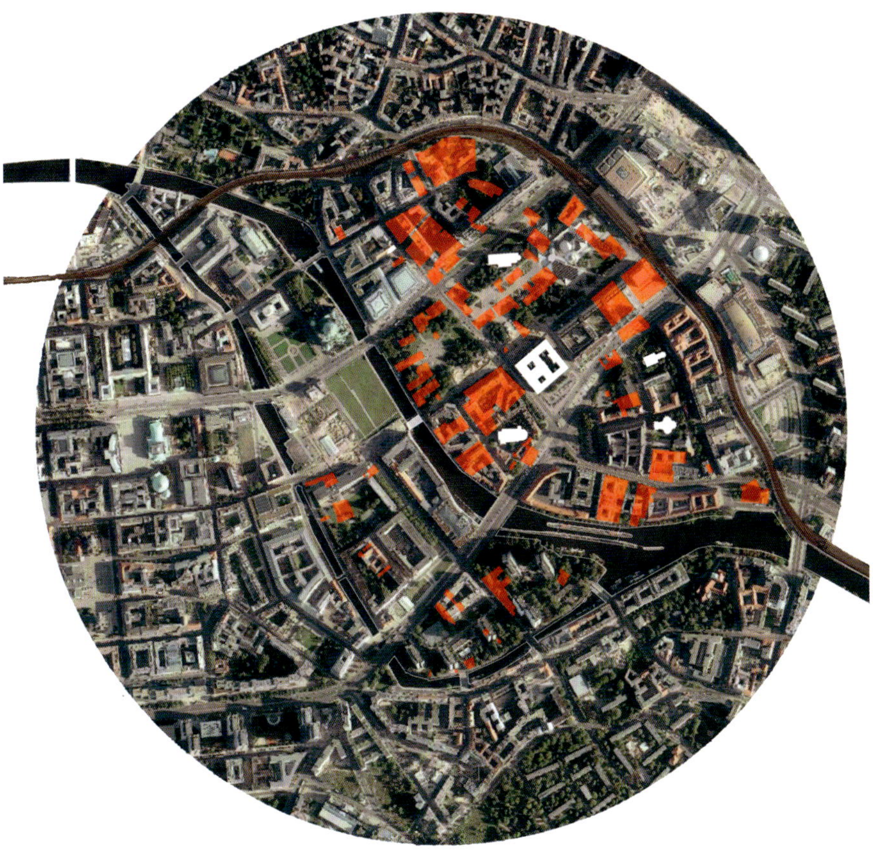

Harald Bodenschatz / Christina Kautz: Themenkarte »Geraubte Mitte«

Mehr als 200 jüdische Grundstücke sind während der NS-Zeit in der Mitte Berlins vom Deutschen Reich bzw. dem Magistrat geraubt worden. Dies erleichterte den radikalen Umbau der Altstadt. Das heutige »öffentliche« Eigentum ist oft nichts anderes als unrechtmäßig angeeignetes und unzulänglich entschädigtes Privateigentum. Die Mitte ist insofern auch ein Spiegel vergangenen diktatorischen Unrechts vor allem, aber nicht nur gegenüber den jüdischen Hauseigentümern.

Planungsgruppe Stadtkern im Bürgerforum Berlin e. V. (Zusammenstellung Lutz Mauersberger, Berlin-Mitte-Archiv)

Schrägluftbild des Mühlendamms und des Bereichs um den Molkenmarkt, 1937/38

Sammlung Helmut Maier, Berlin

Otto Hagemann (1884 – nach 1961):
Hakenkreuze als Festschmuck anlässlich der XI. Olympiade 1936 im Lustgarten mit Altem Museum im Hintergrund, Sommer 1936

Landesarchiv Berlin, F Rep. 290 (05) Nr. 178001

Georg Pahl:
Posten vor dem Warenhaus N. Israel in der Spandauer Straße, Ecke Königstraße zu Beginn der Boykottaktion gegen jüdische Kaufleute, 1. April 1933

Bundesarchiv Koblenz, Bild Nr. 102-14469

Wagen des Stralauer Fischzugs mit großem Hakenkreuz vor dem Haus Königstraße 19 (im Hintergrund das Rote Rathaus), 13. August 1933

Landesarchiv Berlin, F Rep. 290, Nr. 57697

Erich Minx:
SA-Heim im ehemaligen Antikriegs-museum von Ernst Friedrich (Parochialstraße 29), März 1933

Landesarchiv Berlin, F Rep. 290, Nr. 76695

Gedenktafelenthüllung für Horst und Werner Wessel am Haus Jüdenstraße 51–52, 14. Januar 1934

Werner Wessel, der Vater von Horst Wessel, war Pfarrer der Nikolaikirche gewesen und hatte mit seiner Familie in diesem Haus in einer Dienstwohnung gewohnt.

Landesarchiv Berlin, F Rep. 290-II, Nr. 7139

Willy Römer (1887–1979):
Abriss alter Gebäude in der Unterwasserstraße, 1933/34

bpk-images, Nr. 50132178

Grundsteinlegung für den Erweiterungsbau der Reichsbank (Architekt Reichsbankbaudirektor Heinrich Wolff), 1934

Eine große Menschenmenge füllte die Baugrube bei der aufwändig inszenierten Grundsteinlegung des Neubaus der Reichsbank – einem der frühen großen Staatsakte des nationalsozialistischen Regimes.

Scherl/Süddeutsche Zeitung Photo, Nr. 8195

Modellprojektion des Reichsbank-Erweiterungsbaus in eine Schrägluftaufnahme, 1937

Broschüre zur Einweihung der Erweiterung der Reichsbank, o.S.

Grundsteinlegung für den Erweiterungsbau der Reichsbank, 1934

Hitler begibt sich mit dem Präsidenten der Reichsbank, Dr. Hjalmar Schacht (neben Hitler), zur Ehrentribüne. Zwischen Hitler und Schacht Wilhelm Brückner.

Scherl/Süddeutsche Zeitung Photo, Nr. 5909

Baustelle der Reichsbank,
26. August 1935

Die Baustelle ist von der Kurstraße aus aufgenommen. Im Hintergrund links die Friedrichswerdersche Kirche, in der Mitte Schloss und Dom, am rechten Rand die Nikolaikirche. Die Panoramaaufnahme besteht aus zwei aneinandergefügten Fotos.

Scherl/Süddeutsche Zeitung Photo, Nr. 141471

Das Rote Rathaus ist aus Anlass des 700jährigen Stadtjubiläums mit Blumen und Hakenkreuze geschmückt, Sommer 1937

Fotopostkarte

Willy Pragher (1908–1992): Joseph Goebbels und Julius Lippert, mit Oberbürgermeisterkette, nehmen vor dem Roten Rathaus die aus Anlass des 700jährigen Stadtjubiläums durchgeführte Parade ab, Sommer 1937

Staatsarchiv Freiburg, Bestand Willy Pragher, Nr. W 134-012891

Baustelle der Industrie- und Handelskammer (IHK) an der Ost-Achse, 13. Juli 1939

Landesarchiv Berlin, F Rep. 290, Nr. 61/2752

Abbruch des nördlichen Kopfbaus der Kaiser-Wilhelm-Straße für den Neubau der Industrie- und Handelskammer (IHK) an der Ost-Achse, 1939

Landesarchiv Berlin, F Rep. 290, Nr. 157480

Abraham Pisarek (1901–1983):
Portal der Alten Synagoge in der Heidereuter-
gasse, um 1935 und nach 1943

akg-images, Nr. 399937 und Nr. 399895

ENTLEERTE MITTE

Stadtmitte im Wartestand zwischen 1945 und 1965

Am Ende des Zweiten Weltkrieges waren die Zerstörungen im Berliner Stadtzentrum außerordentlich gravierend. Rund dreihundert Luftangriffe und die schweren Bodenkämpfe kurz vor Kriegsende hatten schwere Verwüstungen hinterlassen. Während in ganz Berlin insgesamt nur 19 Prozent und im Bezirk Mitte 52 Prozent aller Gebäude als nicht wiederherstellbar galten, traf dies im Stadtkern auf zirka 70 Prozent der Baulichkeiten zu. Die Witterungseinflüsse der ersten Nachkriegsjahre taten ein Übriges, so dass ab 1948 nur noch einige wenige Altbauten auf den weiten Rasenflächen der ehemaligen Altstadt standen. Nach Ausrufung des östlichen Teils von Berlin zur Hauptstadt der DDR wurde die Ruine des Stadtschlosses 1950/51 gesprengt, zugleich aber nach Moskauer Vorbild eine vereinfachende, monumentalisierende Rekonstruktion des Altstadtgrundrisses erwogen. Wiederaufbaubestrebungen gab es in den 1950er und 1960er Jahren unter anderem für den Fischerkiez und für das Graue Kloster.

Die Pläne für ein Regierungshochhaus am Ort des Schlosses wurden nicht realisiert. Auch wurde zwischen 1945 und 1965 im Stadtkern mit Ausnahme eines kleinen Baus für die III. Weltfestspiele der Jugend und Studenten in der Klosterstraße (1951), der Feuerwache in der Voltairestraße (1955) und des Staatsratsgebäudes am Schloßplatz (Einweihung 1964, heute Privatuniversität) kein anderes neues Gebäude errichtet. 1955/56 musste das letzte mittelalterliche Wohnhaus Berlins, Hoher Steinweg 15, einer Grünfläche vor dem 1955 wiederhergestellten Rathaus weichen.

Nicht nur die DDR verabschiedete sich in dieser Zeit endgültig von der Altstadt, auch im Westen träumte man von einem geschichtslosen neuen Berlin. Im Rahmen des bundesdeutschen Internationalen Wettbewerbs »Hauptstadt Berlin 1957/58« war die Altstadt ebenfalls als wertlos eingeschätzt worden. Das Wettbewerbsgebiet lag im alten Stadtzentrum zwischen Spreebogen und Alexanderplatz auf dem Territorium der DDR. Die eingereichten Beiträge zeugten von dem extremen Veränderungswillen, der die Nachkriegsgesellschaft, insbesondere deren Stadtplaner und Architekten, mehrheitlich erfüllte. Die sich am Wettbewerb beteiligenden Planer hingen der Überzeugung an, sie könnten durch ihre neuen Stadtgrundrisse eine neue Gesellschaft ins Leben rufen. Zum Sieger wurde der Entwurf von Eggeling, Pempelfort und Spengelin gekürt.

Die DDR-Regierung reagierte auf den West-Berliner Wettbewerb mit dem 1958/59 durchgeführten »Städtebaulichen Ideenwettbewerb zum Stadtzentrum der Hauptstadt der DDR, Berlin«. Dieser Wettbewerb wurde zur Geburtsstunde des modernen Stadtzentrums. Das Kollektiv des Stadtplanungsamtes um Peter Schweizer, Dorothea Tscheschner, Günter Schulz und Hubert Martinetz erarbeitete schließlich die Grundzüge des vom Politbüro genehmigten Neuordnungsplans. Im Dezember 1960 wurde der Bebauungsplan für das

Stadtzentrum fertiggestellt und im April 1961 von der Stadtverordnetenversammlung beschlossen.

Anfang der 1960er Jahre wurden zwei herausragende Sonderbauten realisiert: das bereits erwähnte Staatsratsgebäude am Südwestrand des Schloßplatzes (damals Marx-Engels-Platz) nach Entwürfen von Roland Korn und Kollektiv in den Jahren 1962–64 sowie das Außenministerium nach einem Entwurf von Josef Kaiser und Kollektiv auf dem Schinkelplatz in den Jahren 1964–67. Eine Voraussetzung für die Errichtung des 145 Meter langen und 44 Meter hohen Außenministeriums war der Abbruch der Schinkel'schen Bauakademie im Jahr 1962. Im Frühjahr 1965 begann der Umbau zum »sozialistischen Stadtzentrum« östlich der Spree.

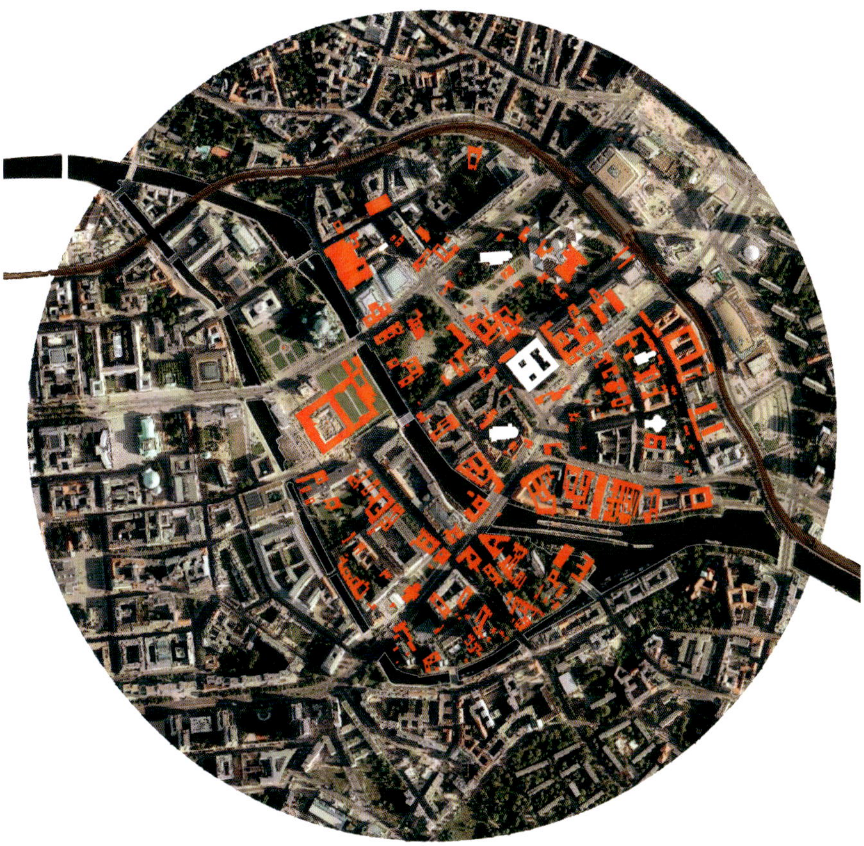

Harald Bodenschatz / Christina Kautz: Themenkarte »Verlorene Mitte«

Eine verblüffend hohe Zahl von verlorenen Gebäuden der Mitte Berlins wurde in verschiedenen früheren Listen und Publikationen als baugeschichtlich oder historisch wertvoll bezeichnet. Diese historischen Listen wurden von Lutz Mauersberger erstmals zusammengestellt und von Christina Kautz kartiert.

Planungsgruppe Stadtkern im Bürgerforum Berlin e. V.

Alliiertes Luftbild, 22. März 1945

Zirka 300 Luftangriffe und die schweren Bodenkämpfe kurz vor Kriegsende haben schwere Verwüstungen hinterlassen. Während in ganz Berlin insgesamt nur 19 Prozent und im Bezirk Mitte 52 Prozent aller Gebäude als nicht wiederherstellbar galten, traf dies im Stadtkern auf zirka 70 Prozent der Baulichkeiten zu.

Luftbilddatenbank Dr. Carls GmbH, Wien, Nr. 4168

Eva Kemlein (1909–2004):
Sprengung der Ruine des Schlosses,
21. November 1950

*Bundesarchiv Koblenz,
Bild Nr. 183-08687-0005*

Helmut Maier (geb. 1937): Sprengung der Ruine der Garnisonkirche in der Neuen Friedrichstraße, 1962

Sammlung Helmut Maier, Berlin

Fritz Tiedemann (1915–2001) / Arwed Messmer (geb. 1964): Panorama vom Portal des Rathauses aus nach Norden, 20. April 1951

Das Panorama besteht aus drei Einzelnegativen des für die Denkmalpflege tätigen Fotografen Fritz Tiedemann, das Arwed Messmer im Rahmen seines Projekts »Soweit kein Auge reicht« (2008) zu einer digital bearbeiteten Horinzontalsequenz montiert hat. Es ist kein Bilddokument im engeren Sinne mehr, besitzt aber eine größere dokumentarische Lesbarkeit als die ursprünglichen Aufnahmen.

Zu sehen sind die 1951 noch bestehenden Altbauten im heutigen großen Leerraum. Rechts die Brandwände des Hauses Hoher Steinweg 15.

Uwe Tiedemann, Oldenburg / Arwed Messmer, Berlin

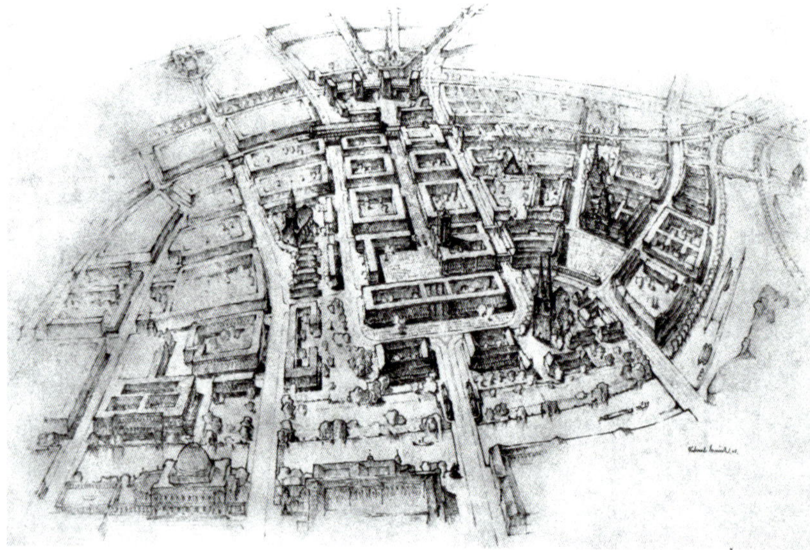

Richard Ermisch (1885–1960): Vogelschaubild des Plans zum Wiederaufbau der Altstadt, 1948

Stiftung Archiv der Akademie der Künste, Archivabteilung Baukunst, Nachlass Ermisch, Nr. Ww 90

Berlin. Neugestaltung der City, August 1948 (Maßstab des Originals 1:2000)

Landesarchiv Berlin, F Rep. 270, Nr. B 451

Hans Scharoun (1893–1972) und Wils Ebert (1909–1979): Wettbewerb »Hauptstadt Berlin«, 2. Preis, Ausschnitt aus dem Grundriss, 1957

Die eingereichten Wettbewerbsbeiträge zeugen von dem extremen Veränderungswillen, der die Nachkriegsgesellschaft, insbesondere ihre Stadtplaner und Architekten, mehrheitlich erfüllte. Die sich am Wettbewerb »Hauptstadt Berlin« beteiligenden Planer glaubten, sie könnten durch ihre neuen Stadtgrundrisse eine neue, bessere Gesellschaft ins Leben rufen.

Sammlung Jörn Düwel, Hamburg

Bebauungsplan für das Stadtzentrum von Groß-Berlin des Kollektivs des Stadtbauamtes, März 1961

Das Kollektiv des Stadtplanungsamtes um Peter Schweizer, Dorothea Tscheschner, Günter Schulz und Hubert Martinetz erarbeitete bis Ende 1960 die Grundzüge des vom Politbüro genehmigten Neuordnungsplans.

Sammlung Jörn Düwel, Hamburg

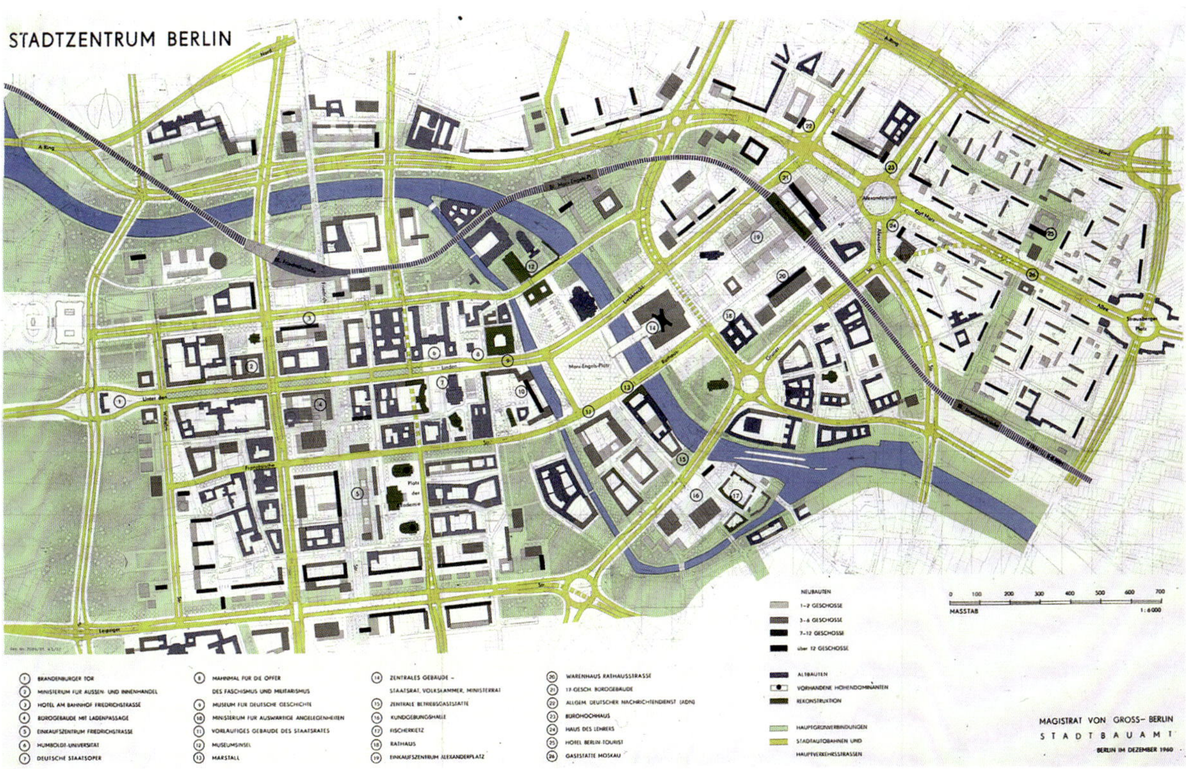

Abbruch des Hauses Hoher Steinweg 15, 1955/56

1955/56 musste das letzte mittelalterliche Wohnhaus Berlins, Hoher Steinweg 15, einer Grünfläche vor dem 1955 wiederhergestellten Rathaus weichen.

Landesdenkmalamt Berlin, Photosammlung, Nr. II A 1696 u. I/4222

Abbruch des Hauses Hoher Steinweg 15, 1955/56 (Montage aus zwei Aufnahmen)

Landesdenkmalamt Berlin, Photosammlung, Nr. II A 1563 sowie I/4086 und I/4087

Lothar Willmann (geb. 1936):
Die östliche Hälfte des Berliner Stadtkerns unmittelbar vor Beginn des Umbaus zum sozialistischen Stadtzentrum, Januar 1965

Ab 1948 standen nur noch einige wenige Altbauten auf den weiten Rasenflächen der ehemaligen Altstadt.

Archiv Lothar Willmann, Schorfheide (http://www.willmann-bild.de)

Lothar Willmann (geb. 1936):
Schrägluftbild des Alexanderplatzes
vor dem Umbau, Januar 1965

*Archiv Lothar Willmann, Schorfheide
(http://www.willmann-bild.de)*

Lothar Willmann (geb. 1936):
Schrägluftbild der östlichen Hälfte
des Berliner Stadtkerns, Januar 1965

*Archiv Lothar Willmann, Schorfheide
(http://www.willmann-bild.de)*

DEKONSTRUIERTE MITTE

Umbau zum autogerechten Stadtzentrum zwischen 1965 und 1975

In der Rückschau stellte der Berliner Stadtumbau der Jahre 1850 bis 1910 eine in technischer und sozialer Hinsicht überwiegend notwendige Modernisierung dar. Die Jahre 1910 bis 1965 waren dann eine Art Inkubationszeit einer zweiten Modernisierung, in der diese zwar geplant und durch umfangreiche Grundstückskäufe vorbereitet, aber nur partiell umgesetzt wurde. Bis zu dem um 1964/65 begonnenen Neuaufbau konnte man in der Berliner Mitte an der Form der Häuserblöcke beziehungsweise Rasenflächen noch die siebenhundertjährige Entwicklungsgeschichte der Stadt ablesen. Der schließlich in nur einer Dekade zwischen 1965 bis 1975 erfolgte Stadtumbau erwies sich als eine primär politisch und ästhetisch motivierte Modernisierung mit langem Vorlauf und kurzer Halbwertzeit – denn bereits 1978 begannen unter vollkommen anderen Prämissen die Planungen für das Nikolaiviertel.

Die gravierendsten Eingriffe in die Substanz und Struktur des Stadtkerns in der zehnjährigen Hochphase des Stadtumbaus ab 1965 waren der Bau des Fernsehturms, der Durchbruch der achtspurigen Grunerstraße vom Spittelmarkt zum Alexanderplatz, die Einfassung des großen Freiraums zwischen Spree und Fernsehturm mit zwei über 150 Meter langen Hochhausscheiben sowie der Bau von sechs Hochhäusern anstelle des Fischerkiezes im Süden der Spreeinsel, dem größten zusammenhängenden Altstadtbereich der Nachkriegszeit.

Der Durchbruch der Grunerstraße in den Jahren 1966 bis 1969 stand in einer langen Planungstradition: Schon 1868 wurde der Wunsch geäußert, Mühlendamm und Alexanderplatz mit einer direkten Straße zu verbinden. Am Vorabend des Maifeiertages 1969 war es soweit: Die vielspurige Grunerstraße samt Tunnel unterm Alexanderplatz wurde dem Verkehr übergeben. Ost-Berlin hatte damit eine breite Autotrasse geschaffen, die eindeutig überdimensioniert war.

Noch 1966 waren zu beiden Seiten des Raums um den Fernsehturm keilförmige Hochhäuser geplant. Der langjährige Sekretär für Bauwesen im Zentralkomitee, Ernst Trölitzsch, konnte sich aber mit seinem Konzept durchsetzen, durch zwei in etwa 250 Meter Entfernung parallel zueinander stehende Hochhausscheiben eine großräumig-einheitliche Gestaltung des zentralen Stadtraums zu schaffen. Die beiden ausgeführten Hochhausscheiben, der sogenannte Liebknechtriegel und die Rathauspassagen (siehe unten), sind 45 Meter hoch und 320 beziehungsweise 168 Meter lang. Bei der Grundsteinlegung für die Bebauung der Rathaus- und Karl-Liebknecht-Straße äußerte Oberbürgermeister Herbert Fechner: »Erstmals in der vielhundertjährigen Geschichte der Rathaus- und Liebknechtstraße werden sie architektonisch ein geschlossenes, harmonisches Ganzes bilden.« Der Liebknechtriegel und die Rathauspassagen beziehen sich bewusst und absichtlich auf Hilberseimers Entwurf einer »Vertikalen Stadt« von 1924.

Der Idee eines sozialistischen Stadtzentrums und zugleich dem zeitgenössischen internationalen Ideal der autogerechten Stadt verpflichtet, wurden in der immer noch von den schweren Kriegszerstörungen geprägten Berliner Mitte weitere Verluste an Baudenkmalen in Kauf genommen. Abgeräumt wurden das kunsthistorisch bedeutende Ermelerhaus in der Breiten Straße 11 1966/67, das Stadtgericht beziehungsweise Gouverneurshaus in der Rathausstraße, Ecke Jüdenstraße im November 1967, das Landgericht in der Grunerstraße im Juni 1968 sowie einige Dutzend Altbauten im ehemaligen Fischerkiez zwischen 1968 und 1971.

Was aber wurde in den zehn Jahren des Neuaufbaus von 1965 bis 1975 an bedeutenden Gebäuden im Stadtkern neu errichtet? Die zehn wichtigsten Bauleistungen seien kurz skizziert:

1. **Fernsehturm, 1965–69,** Architekten: Hermann Henselmann, Günter Franke und Fritz Dieter (Panoramastraße 1)
   Der Standort des inmitten des Zentrumbandes zwischen Marienkirche und S-Bahnhof Alexanderplatz errichteten UKW- und Fernsehturms war lange umstritten gewesen. Der schließlich gewählte Standort im Stadtkern war ein Symbol des Ost-Berliner Wiederaufbaus, eine sozialistische Stadtkrone gewissermaßen. Die Form des ursprünglich 365 Meter hohen Fernsehturms als steiler, eine Kugel durchbohrender Kegel geht auf einen von Hermann Henselmann im Kontext des Hauptstadt-Wettbewerbs 1958 entworfenen »Turm der Signale« zurück. Die Schaft- und Kugelform stammt indes von Günter Franke und Fritz Dieter.
2. **Fernsehturmumbauung und Freiflächen,** 197074, Architekten: Heinz Aust, Walter Herzog und Rolf Heider; Landschaftsplanung: Hubert Matthes
   Die 1972 fertiggestellte, hexagonal gegliederte zweigeschossige Fußumbauung des UKW- und Fernsehturms mit den markanten Betonzacken in alle Himmelsrichtungen weist im Osten das Eingangsgebäude zum Turm mit Souvenirladen, im Westen hingegen Restaurants, Ausstellungsräume und die Berlin-Information auf. Die ebenfalls in hexagonalem Raster gestaltete Freifläche zu Füßen des Turms wurde 1974 fertiggestellt. Im August 1969 war bereits der Neptunbrunnen von Reinhold Begas, der bis 1951 auf dem Schloßplatz stand, im Schnittpunkt der Mittelachsen von Fernsehturm und Rathaus wieder aufgestellt worden. Am Entwurf der Freifläche waren neben Hubert Matthes Eberhard Horn, Rolf Rühle, Gottfried Funeck und Werner Stockmann beteiligt.
3. **Rathauspassagen, 1968–72,** Architekten: Entwurfskollektiv um Heinz Graffunder (Rathausstraße)
   Die Rathauspassagen sind ein 168 Meter langer und 42 Meter hoher Komplex aus zwei Gewerbegeschossen in Betonskelettbauweise und fünf darüber aufragenden neungeschossigen Wohnscheiben in Plattenbauweise mit insgesamt 365 Wohnungen. Über den breiten Funktionsgeschossen zu Füßen der schmalen Wohnscheiben liegt ein Zwischengeschoss mit Sozialräumen

und einer öffentlich zugänglichen Dachterrasse. Die beiden ehedem vielfach durchwegten Gewerbegeschosse wiesen vor 1989 zahlreiche Läden, Restaurants, Cafés und andere öffentliche Einrichtungen auf, darunter ein Postamt und ein Bowling-Center. Graffunder strebte hier nach eigener Auskunft die »Bildung emotional aktivierter Erlebniszonen« an.

4. **Wohn- und Geschäftshaus Karl-Liebknecht-Straße, 1968–73,** Architekten: Entwurfskollektiv um Wolfgang Radtke
   Der entlang der Karl-Liebknecht-Straße errichtete Liebknechtriegel ist ein knapp 320 Meter langes, zweistöckig funktionsunterlagertes Bauwerk, das nur an der Einmündung der Rosenstraße eine 15 Meter breite Unterbrechung aufweist. Außerdem gehörten auch eine Markthalle und das siebzehngeschossige Wohnhochhaus in der Spandauer Straße 2 zu dem Komplex.
5. **Ministerium für Gesundheitswesen, 1969–72** (Grunerstraße)
   Das Hochhaus sollte die Fußgängerzone in der Rathausstraße optisch und akustisch gegen die neue Grunerstraße abschirmen und städtebaulich einen Bezug zu den Hochhäusern am Alexanderplatz herstellen.
6. **Palasthotel, 1976–79,** Architekten: Ferenc Kiss Arkitektkontor (Karl-Liebknecht-Straße)
   Unter Bezugnahme auf den Palast der Republik westlich der Spree wurden auf der anderen Flussseite das Palasthotel und das zugehörige Kongresszentrum geplant. Das von einer schwedischen Firma errichtete Palasthotel war ein Devisenhotel, das von DDR-Bürgern nicht genutzt werden konnte. Der Standard war dementsprechend hoch. Ein Teil der Restaurants war auch öffentlich zugänglich.
7. **Appartementhäuser, 1965–67,** Architekten: Heinz Graffunder und Manfred Prasser (Friedrichsgracht, Scharrenstraße, Sperlingsgasse, Brüderstraße)
8. **Bauministerium, 1967–68,** Architekten: Rolf Göpfert und Kollektiv (Breite Straße / Ecke Scharrenstraße)
9. **Wohngebiet Fischerinsel, 1967–70**
   Der Bau des Wohngebietes Fischerinsel erfolgte nach städtebaulichen Vorgaben von Joachim Näther, Peter Schweizer sowie Manfred Zache und Kollektiv. Der sogenannte Fischerkiez im Süden der Spreeinsel, das nach den Kriegszerstörungen größte noch zusammenhängende Altstadtareal in der Berliner Mitte, wurde dafür abgebrochen. Das neue Wohngebiet besteht aus fünf Hochhäusern, die 1967–70 nach Entwurf von Hans-Peter Schmiedel, Manfred Zumpe, Wolfgang Radke, Günter Piesker und Kollektiv errichtet wurden, und einem sechsten sogenannte Doppelpunkthaus an der Roßstraßenbrücke, das erst 1972 nach Entwurf von Wolfgang Radke und Egon Kreißl fertiggestellt wurde. Die Hochhäuser verfügen insgesamt über 1.469 Wohnungen und etliche Wohnfolgeeinrichtungen. Zwei Kindergartenbauten entstanden im selben Zeitraum nach Entwurf von Gerhard Hoelke. Das »Komplexzentrum« für das Wohngebiet Fischerinsel (später »Ahornblatt« genannt) ging auf Entwürfe von Gerhard Lehmann, Helmut Stingl, Rüdiger Plaethe und Kollektiv zurück. Der Bau des Ahornblatts erfolgte von 1971 bis 1973. Die Betonschalendachkonstruktion (hyperbolische

Paraboloide) berechnete der bekannte Ingenieur Ulrich Müther aus Binz. Das Komplexzentrum beherbergte neben einer Kaufhalle, einem Friseur, einer Post und einem Blumenladen vor allem eine Selbstbedienungsgaststätte für das Bauministerium, die Stadtbibliothek und umliegende Schulen. Die Schwimmhalle an der Gertraudenstraße nach Entwurf von Karl-Ernst Swora, Gunter Derdau und Kollektiv folgte als letztes 1980/81.

10. **Palast der Republik, 1973–76,** Architekt: Heinz Graffunder und Karl-Ernst Swora (Marx-Engels-Platz)
    Der Palast der Republik bildete den Schlussstein bei der Errichtung des »sozialistischen Stadtzentrums«. Er hatte einen Grundriss von 84 × 180 Meter, wies dreizehn gastronomische Einrichtungen, einen Multifunktionssaal mit 4700 Plätzen, ein Theater, ein Postamt und den Volkskammersaal auf.

Die Sprengung der Hohenzollern-Denkmalkirche des ausgebrannten Berliner Doms im Jahr 1975 war zugleich der Startschuss für die Wiederherstellung des Doms, des Nikolaiviertels und anderer lange Zeit stiefmütterlich behandelten Ost-Berliner Bereiche.

Vera und Dieter Breitenborn:
Panorama vom Turm der Marienkirche, 1. Mai 1968

Der Standort des zwischen Marienkirche und S-Bahnhof Alexanderplatz errichteten UKW- und Fernsehturms war lange umstritten gewesen. Der schließlich gewählte Standort war ein Symbol des Ost-Berliner Wiederaufbaus, eine sozialistische Stadtkrone. Die Form des ursprünglich 365 Meter hohen Fernsehturms als steiler, eine Kugel durchbohrender Kegel geht auf einen von Hermann Henselmann im Kontext des Hauptstadt-Wettbewerbs 1958 entworfenen »Turm der Signale« zurück. Schaft- und Kugelform stammen von Günter Franke und Fritz Dieter.

Edition Panorama, Berlin

Vera und Dieter Breitenborn:
Blick durch die Grunerstraße zum Haus des Lehrers, Ende 1967

Der Durchbruch der Grunerstraße in den Jahren 1966 bis 1969 stand in einer langen Planungstradition: Seit 1868 hatte der Wunsch bestanden, Mühlendamm und Alexanderplatz mit einer direkten Straße zu verbinden.

Landesarchiv Berlin, F Rep. 290, Nr. 64/1439

Sprengung des Landgerichts in der Grunerstraße, Winter 1967/68

Berlin-Mitte-Archiv, Nr. 20-01101

Vera und Dieter Breitenborn: Die Sprengbrigade Fischer hat den Kopfbau des Landgerichts in der Grunerstraße zerstört, Winter 1967/68

Landesarchiv Berlin, F Rep. 290-02-23, Nr. 1369

Vera und Dieter Breitenborn: Dampflokomotive vor der breiten Schneise der künftigen Grunerstraße, 1968

Landesarchiv Berlin, F Rep. 290-02-23, Nr. 159

Florian Profitlich:
Blick vom Dach des Haus des Lehrers entlang der Grunerstraße in Richtung Nikolaikirche, Frühjahr 1995

Am Vorabend des Maifeiertages 1969 war die vielspurige Grunerstraße samt Tunnel unter dem Alexanderplatz dem Verkehr übergeben worden. Ost-Berlin hatte damit eine Straßenschneide geschaffen, von der man hoffte, dass der künftige Autoverkehr sie füllen würde.

Stiftung Stadtmuseum Berlin, Photosammlung, Nr. SK 02/254 VF

Dieter Haase:
Abbruch des Ermelerhauses in der Breiten Straße 11 von Südosten. Im Hintergrund der Kanzleiflügel des Staatsratsgebäudes, um 1966/67

Der Idee eines sozialistischen Stadtzentrums und zugleich dem zeitgenössischen internationalen Ideal der autogerechten Stadt verpflichtet, wurden in der immer noch von den schweren Kriegszerstörungen geprägten Berliner Mitte weitere Verluste an Baudenkmalen in Kauf genommen. Dazu zählte auch das kunsthistorisch bedeutende Ermelerhaus in der Breiten Straße 11.

Sammlung Dieter Haase

Eveline Schmidt:
Abriss der beiden Altbauten Rathausstraße 40–42, 26. März 1971

Die rechts angeschnittenen Rathauspassagen (Architekt: Heinz Graffunder, 1926–1994) sind ein 168 Meter langer und 42 Meter hoher Komplex aus zwei Gewerbegeschossen in Betonskelettbauweise und fünf darüber aufragenden neungeschossigen Wohnscheiben in Plattenbauweise. Über den breiten Funktionsgeschossen, zu Füßen der insgesamt 365 Wohnungen bietenden Wohnscheiben, liegt ein Zwischengeschoß mit Sozialräumen und einer Dachterrasse. Die beiden ehedem vielfach durchwegten Gewerbegeschosse wiesen vor 1995 eine Vielzahl von Läden, Restaurants, Cafés und anderen öffentlichen Einrichtungen auf, darunter ein Postamt und ein Bowling-Center.

Landesarchiv Berlin, F Rep. 290, Nr. 64/242

Eveline Schmidt:
Beräumung der Trasse für die Karl-Liebknecht-Straße, April 1969
(Montage aus zwei Aufnahmen)

Landesarchiv Berlin, F Rep. 290, Nr. F Rep. 290, Nr. 63-2175 und 2176

Sprengung der Altbauten in der Jüdenstraße 18/19, 1967

Berlin-Mitte-Archiv, Nr. 20-01102

Rüdiger Hoth (geb. 1940):
Sprengung der Denkmalskirche des Berliner Doms, 1975

Die Sprengung der Hohenzollern-Denkmalkirche des ausgebrannten Berliner Doms im Jahr 1975 war zugleich der Startschuss für die Wiederherstellung des Doms, des Nikolaiviertels und anderer lange Zeit stiefmütterlich behandelter Ost-Berliner Areale.

Sammlung Rüdiger Hoth, Berlin

Sprengung des Propst-Grüber-Hauses (Bischofstraße 6–8), photographiert vom Fernsehturm aus, 1967

Deutsches Architekturforum

Eva Brüggmann:
Sprengung der Rathausstraße 20–21, 30. Januar 1968

Bundesarchiv Koblenz, Bild Nr. 183-G0130-0020-001

Klar:
Sprengung des ehemaligen Gouverneurshauses bzw. Stadtgerichts in der Rathausstraße 19, 27. November 1967

Bundesarchiv Koblenz, Bild 183-G0109-0203-001

Gegenüberliegende Seite:

Vera und Dieter Breitenborn:
Sprengung der letzten Häuser im Fischerkiez (hier Friedrichsgracht 17), September 1971

Nach städtebaulichen Vorgaben von Joachim Näther, Peter Schweizer sowie Manfred Zache und Kollektiv erfolgte 1967–70 der Bau des Wohngebietes Fischerinsel. Der Fischerkiez im Süden der Spreeinsel, das nach Kriegszerstörungen größte noch zusammenhängende Altstadtgebiet wurde abgebrochen. Das neue Wohngebiet besteht aus fünf Hochhäusern, die 1967–70 nach Entwurf von Hans-Peter Schmiedel, Manfred Zumpe, Wolfgang Radke, Günter Piesker und Kollektiv errichtet wurden, und einem sechsten sogenannte Doppelpunkthaus an der Roßstraßenbrücke, das erst 1972 nach Entwurf von Wolfgang Radke und Egon Kreißl fertiggestellt wurde.

Landesarchiv Berlin, F Rep. 290-02-23, Nr. 74

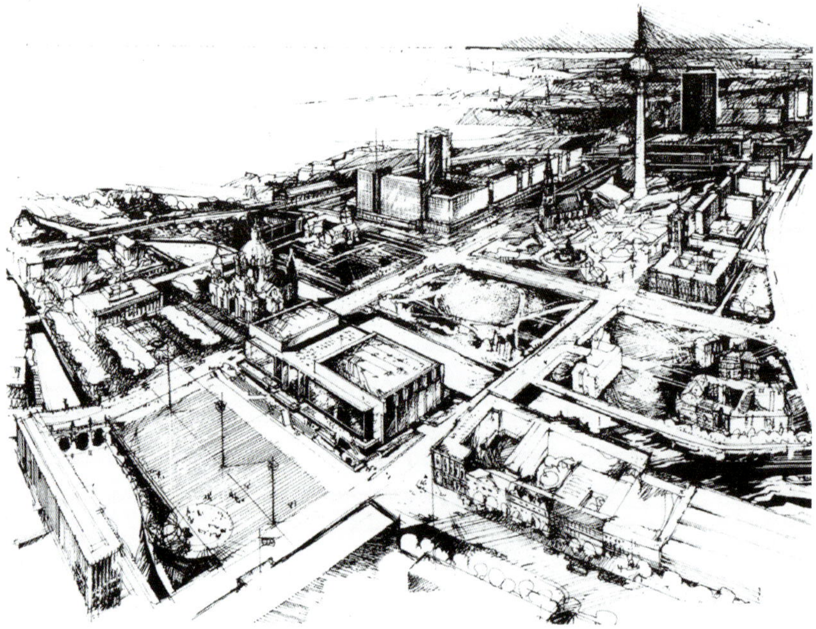

Dieter Bankert (geb. 1938):
Großer Berliner Garten. Federzeichnung, 1976

Graffunder-Beerbaum: Der Palast der Republik, Leipzig 1977, zit. nach Bodenschatz/Düwel/Stimmann: Berlin und seine Bauten, Bd. 1, 2009, S. 371

Klaus Morgenstern (1926–2002):
Schaulustige betrachten das neue Wasserspiel am Fernsehturm.
Im Hintergrund die Rathauspassagen, 15. Mai 1972

Die 1972 fertiggestellte Fußumbauung des UKW- und Fernsehturms mit den markanten Betonzacken in alle Himmelsrichtungen weist im Osten das Eingangsgebäude zum Turm, im Westen hingegen Restaurants, Ausstellungsräume und die Berlin-Information auf. Die ebenfalls in hexagonalem Raster gestaltete Freifläche zu Füßen des Turms wurde 1974 fertiggestellt. Am Entwurf der Freifläche waren neben Hubert Matthes Eberhard Horn, Rolf Rühle, Gottfried Funeck und Werner Stockmann beteiligt.

Süddeutsche Zeitung Photo, Nr. 621627

Ansichtskarte des Platzes am Fernsehturm mit dem Wasserspiel, o.D.

Im Hintergrund des von Hubert Matthes gestalteten Freiraums erkennt man den 1976 eingeweihten Palast der Republik (Architekt Heinz Graffunder und Kollektiv).

Sammlung Gert Lehnhardt, Berlin

Klaus Franke: Parkplatz vor dem Palast der Republik während des IX. Parteitags der SED, 10. Mai 1976

Der Palast der Republik entstand als Schlussstein des sozialistischen Stadtzentrums, hatte einen Grundriss von 84 × 180 Meter, wies dreizehn gastronomische Einrichtungen, einen Multifunktionssaal mit 4700 Plätzen und den Volkskammersaal auf.

Bundesarchiv Koblenz,
Bild Nr. 183-R0519-191

REKONSTRUIERTE MITTE

Neuinterpretation des historischen Erbes zwischen 1975 und 1990

Die Pflege und Aneignung des historischen Erbes war in der DDR ein heißes Eisen. In den ersten beiden Jahrzehnten stand die gesamte bürgerliche, vorsozialistische Geschichte im Verdacht, reaktionär zu sein. Im Bereich der Stadtplanung und Architektur ist dabei zwischen dem Wiederaufbau von Monumentalbauten wie Rathäusern, Kirchen oder Museen und dem von Wohn- und Geschäftshäusern zu unterscheiden. Während erstere mit Ausnahme des Schlosses oft selbstverständlich wiederhergestellt oder erneuert wurden, dauerte es bis in die 1970er Jahre, ehe man sich auch der alltäglichen vormodernen Stadt zuwandte. Damit war die DDR freilich nicht allein. Weltweit hatte erst in den 1960er Jahren ein grundsätzliches Umdenken eingesetzt – der *urban turn*. Bis dahin war die Durchwegung und Auflockerung der Stadtzentren das erklärte Ziel jeglicher Stadtplanung gewesen – doch nun wurde das Steuer zugunsten der kompakten europäischen Stadt herumgelegt.

Die erste »Traditionsinsel« Ost-Berlins entstand in den Jahren 1967–70 am Märkischen Ufer im Süden des Stadtkerns. Die hier erhaltenen Baudenkmale wurden durch Adaptionen der beiden andernorts abgerissenen Baudenkmale

Peter Flierl (1929–2011): Entwurf für das Marx-Engels-Denkmal auf der Schlossfreiheit, 1978

Sammlung Peter Flierl, Berlin

Breite Straße 11 (Ermelerhaus) und Friedrichsgracht 15 ergänzt. Auch außerhalb des Stadtkerns besann man sich ab 1975 zunehmend auf die verlorenen Qualitäten der vormodernen Stadt: Die Wohngebiete Arnimplatz und Arkonaplatz sowie der Platz der Akademie wurden »rekonstruiert«.

Die zweite »Traditionsinsel« ging auf den 1978 ausgeschriebenen »Ideenwettbewerb für den Komplex Rathausstraße« zurück. Mit diesen Worten wurde das um die wiederaufzubauende Nikolaikirche geplante neue Wohngebiet, das sogenannte Nikolaiviertel, umschrieben. Das zum siebenhundertfünfzigjährigen Stadtjubiläum 1987 schließlich fertiggestellte Nikolaiviertel ist ein einzigartiger Kompromiss zwischen neu erwachter Begeisterung für die Stadtgeschichte auf der einen und ökonomischen Zwängen bei der Bauausführung auf der anderen Seite. Ein ehemaliger leitender Mitarbeiter des VEB Denkmalpflege, Uwe Kieling, schrieb 1999 über das Viertel: Eine »beachtliche und singuläre Leistung [...], deren Wiederholung sich gleichwohl nicht empfiehlt.« Wenn das Viertel aber doch zum Teil als vorbildhaft gelten soll, dann bleibt zu fragen, ob das eher für den modernen nördlichen Teil oder den historisierenden südliche Teil gilt. Nachgefragt werden sollte auch, ob die wiederhergestellte Nikolaikirche und das nachgebaute Palais Ephraim nicht auch heute noch vorbildlich sind? Und schließlich ist zu diskutieren, ob vor allem eine ernsthaftere Orientierung an der Geschichte, als sie im postmodernen Nikolaiviertel praktiziert wurde, sowie eine deutlich hochwertigere Bauausführung zu Quartieren führen könnten, deren Qualität und Vorbildhaftigkeit auch in ferner Zukunft unbestritten ist.

Karl Johannes (1900–1985):
Altbau Friedrichsgracht 15 vor dem Abbruch, 23. März 1969

Sammlung Eva Rothkirch, Berlin

Karl Johannes (1900–1985):
Neubau Friedrichsgracht 15 (Märkisches Ufer 12), 22. Juni 1969

Sammlung Eva Rothkirch, Berlin

Traditionsinsel Märkisches Ufer, o. D.
Ansichtskarte

Vera und Dieter Breitenborn:
Blick vom Rathausturm auf die Ruine der Nikolaikirche, Juli 1971

Landesarchiv Berlin, F Rep. 290-02-23, Nr. 51

Vera und Dieter Breitenborn:
Blick vom Rathausturm auf das im Bau befindliche Nikolaiviertel, April 1985

Landesarchiv Berlin, F Rep. 290-02-23, Nr. 50

Renovierung der Nikolaikirche. Aufsetzen der Turmhelme, 20. August 1982

Landesarchiv Berlin, F Rep. 290, Nr. 66/697

»Bauen muß wieder Gestaltfindung und Raumbildung werden – ein Medium, das kulturell Erreichtes transformiert und darüber hinausgeht.

Architektur muß wieder lesbar, deutbar, bedeutungsvoll und anspielend sein.

Andererseits muß poetisches Verständnis wieder entwickelt werden.

Bauen wird wieder zur Architektur, wenn es die Erinnerung an die Vergangenheit in sich trägt.«

Günther Stahn (geb. 1939):
Hehre Ansprüche an das Nikolaiviertel und die in Photographien von Manfred Paul festgehaltene gebaute Realität, 1990/91

Zwei Bild-Text-Paare aus dem Buch »Das Nikolaiviertel«, Berlin 1991, S. 73 (links) und S. 76/77 (rechts)

*»Bauen muß an Vorhandenem anschließen,
heißt Auseinandersetzung mit dem Vorgefundenen –
sei es die Topographie unberührter Natur
oder vorgefundes Stadtgefüge.*

*Das erfordert einen reichen Erfahrungsschatz
von Ausdrucksformen und Wahrnehmungsmöglichkeiten
sowie das Gespür für Identität einer inneren Entsprechung.«*

Andreas Prüstel:
Collage zum Nikolaiviertel, 1988

Stadt der Architektur. Architektur der Stadt, Berlin 2000, S. 346

Kunstausstellung auf dem Marx-Engels-Forum *avant la lettre*, o.D.

Berlin-Mitte-Archiv, Nr. 5983

Rainer Quambusch (geb. 1955): FELLschung des 1986 aufgestellten Marx-Engels-Denkmals von Ludwig Engelhardt, o.D.

Sammlung Rainer Quambusch, Berlin

FRAGMENTIERTE MITTE

Stadtveränderung ohne Konzept seit 1990

Wie das Auge eines Wirbelsturms liegt die große Freifläche zwischen Spree und Fernsehturm inmitten eines Stadtzentrums, das seit der Berliner Wiedervereinigung permanent von Baustellen gekennzeichnet ist. Auf allen vier Seiten dieses Freiraums hat sich viel verändert: Bedeutende DDR-Bauten wie Palast der Republik, Außenministerium, Palasthotel, Alextreff, Bildungsministerium, Ahornblatt und das Bauministerium sind abgebrochen worden, große Neubauten wie DomAquarée, Cubix-Kino, die Hochgarage hinter dem Rathaus und das Geschäfts- und Wohnhaus Alea 101 sind hinzugekommen.

Nach dem Fall der Mauer zog zunächst der westliche Teil des historischen Zentrums alle Aufmerksamkeit auf sich: Potsdamer Platz und Pariser Platz, aber auch die Friedrichstraße. Bald setzte auch der Streit um den Wiederaufbau des Schlosses ein, dessen spektakulärer Ausgangspunkt 1993 eine Fassadensimulation des Barockbaus war. Die übrige ehemalige Altstadt blieb dagegen im Schatten der öffentlichen Aufmerksamkeit. Das änderte sich auch nur wenig, als 1996 das umstrittene »Planwerk Innenstadt« des Senatsbaudirektors Hans Stimmann vorgestellt wurde. Nach heftiger Kritik an der Planung für den großen Freiraum zwischen Fernsehturm und Spree wurde diese 1999 zurückgezogen. Das Areal fand seither allenfalls als Hinterland des neu beplanten Alexanderplatzes Beachtung. Dass das Planwerk dennoch zu Ergebnissen geführt hat, zeigt sich daran, dass in den nächsten Jahren eine kritische Rekonstruktion des Molkenmarktes und des sogenannten Klosterviertels sowie des Petriplatzes und der Breiten Straße erfolgen wird.

Seit dem erbittert umkämpften Abbruch des Hauses Hoher Steinweg 15 im Jahr 1956 existiert in der Berliner Mitte kein einziges profanes Bauwerk aus dem Mittelalter mehr, an dem sich die Erinnerung an die ersten vierhundert Jahre der Stadtgeschichte festmachen ließe. Trotzdem beschloss man im Frühjahr 2011, die kurz zuvor freigelegten archäologischen Überreste des mittelalterlichen Berliner Rathauses aus dem Jahr 1300 zu einem guten Drittel dem Bau eines U-Bahnhofs zu opfern.

Das Verständnis der historischen Berliner Mitte wird nicht nur durch die zahllosen Abbrüche erschwert, auch zahlreiche Verschiebungen wertvoller Baudenkmale erschweren die Orientierung, so als wäre ein Hütchenspieler am Werk gewesen. Wer meint, mit dem Ephraim-Palais und der Gerichtslaube in der Poststraße, der Gaststätte »Zum Nußbaum« in der Propststraße, dem Ermelerhaus am Märkischen Ufer oder dem Neptunbrunnen vermeintliche Fixpunkte des Stadtgedächtnisses gefunden zu haben, der irrt: Alle genannten Bauten und Denkmäler wurden nach dem Zweiten Weltkrieg umgesetzt oder an anderem Ort neu errichtet. Darüber hinaus befinden sich einige bedeutende Elemente des Berliner Stadtkerns als Leihgaben in anderen Stadtteilen oder Städten. Das Original der mittelalterlichen Gerichtslaube aus der Zeit um 1320 steht seit 1871 im Schlosspark Babelsberg, die Gontard'schen Königskolonnaden von 1780 befinden sich seit 1910 im Schöneberger Kleistpark, das Schlüter'sche Reiterdenkmal des Großen Kurfürsten, das zweihundertvierzig Jahre lang auf der Langen Brücke (später Kurfürstenbrücke) stand, schmückt seit 1952 den Ehrenhof des Schlosses Charlottenburg, und die Rossebändiger von der Schlossterrasse stehen seit 1949/50 im Kleistpark. All diese translozierten Gebäude und Denkmäler aber wären wichtige Bestandteile einer zeitgemäßen Neugestaltung des Stadtkerns.

Bei der fraglos notwendigen Wiederbelebung der Berliner Mitte steht man vor zwei Problemen. Das erste ist die lange Tradition städtebaulicher Modernisierung zwischen 1850 und 1975. Das zweite ist die Halbherzigkeit der 1975 begonnenen Reparaturen an der durch die Kriegszerstörungen und den Umbau zum autogerechten Stadtzentrum schwer in Mitleidenschaft gezogenen Stadt. »Halbherzigkeit« meint hier einerseits die Unvertrautheit vieler Stadtplaner und Architekten mit der Qualität vormoderner Stadtgestaltung und Architektur. Andererseits ist damit aber auch die eine ganze Generation währende Teilung der Stadt gemeint, welche eine Identifikation ihrer Bürger mit dem alten Stadtzentrum bis heute behindert.

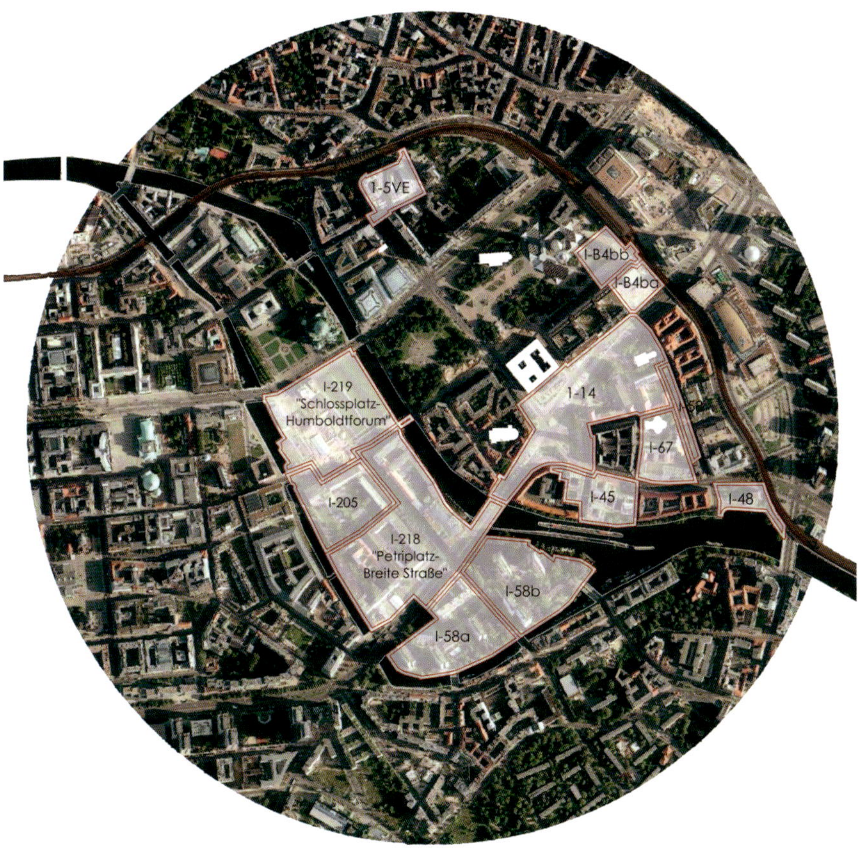

Harald Bodenschatz / Christina Kautz: Themenkarte »Fragmentierte Mitte«

Die vielen bereits vorliegenden Bebauungspläne für die Berliner Mitte, die von der Verwaltung durch Buchstaben und Ziffern gekennzeichnet werden, wurden bislang isoliert voneinander entwickelt. Ihre Potenziale können diese Pläne aber nur entfalten, wenn sie im Rahmen einer vernetzenden Gesamtvision für die künftige Mitte erarbeitet werden.

Planungsgruppe Stadtkern im Bürgerforum Berlin e. V.

Philipp Meuser:
Schrägluftbild des Stadtkerns von Süd-Süd-Ost, 19. Juli 2013

DomPublishers, Befliegung 2013-284, Nr. 226

Robert Möhring / Daniel Hosse: Neuzeichnung der Ausgangssituation 1990 für die Ausstellung »Berlins vergessene Mitte«, 2010

Sammlung Möhring/Hosse

Robert Möhring / Daniel Hosse: Neuzeichnung des Entwurfs der AG Spreeinsel von 1992 für die Ausstellung »Berlins vergessene Mitte«, 2010

Sammlung Möhring/Hosse

Robert Möhring / Daniel Hosse: Neuzeichnung der Entwurfs von Bernd Niebuhr (1. Preis im Wettbewerb Spreeinsel) von 1994 für die Ausstellung »Berlins vergessene Mitte«, 2010

Sammlung Möhring/Hosse

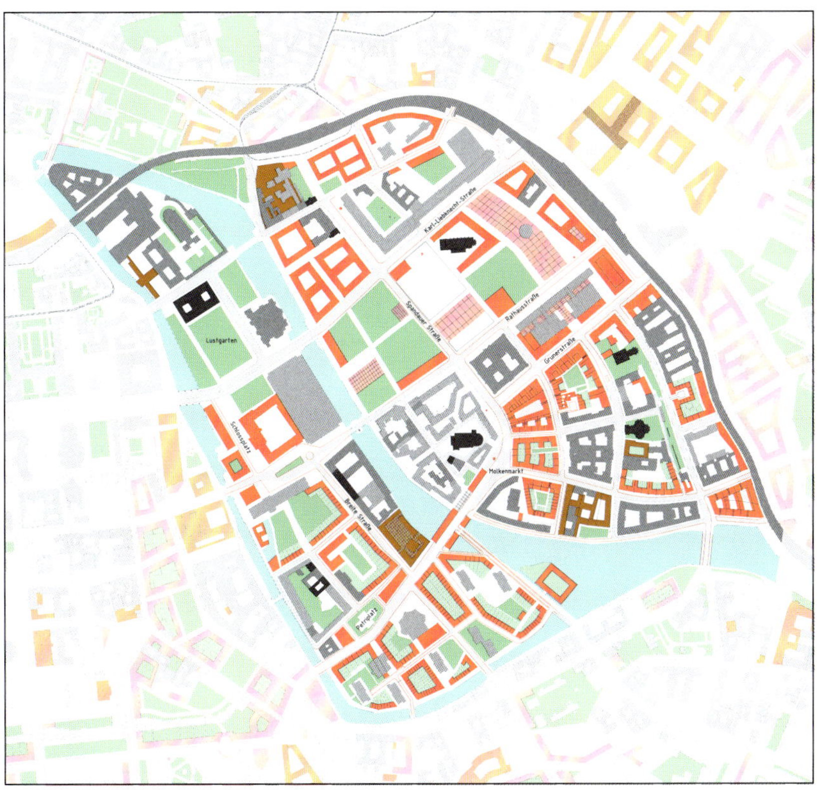

Robert Möhring / Daniel Hosse: Neuzeichnung des »Masterplans Historische Innenstadt« der Senatsverwaltung von 1996 für die Ausstellung »Berlins vergessene Mitte«, 2010

Sammlung Möhring/Hosse

Robert Möhring / Daniel Hosse:
Die Neubauten der Nachwendezeit (beige). Gestrichelt sind die Abbrüche der Jahre 1990 bis 2010.

Sammlung Möhring/Hosse

Robert Möhring / Daniel Hosse: Neuzeichnung des Planungsstandes 2010 für die Ausstellung »Berlins vergessene Mitte«, 2010. Aus der Sicht von 2018 sind die Änderungen gegenüber der Senatsplanung von 2010 marginal.

Sammlung Möhring/Hosse

Robert Conrad:
Abbruch des Ministeriums für Auswärtige Angelegenheiten der DDR, links die Friedrichswerdersche Kirche, 15. November 1995

Nach dem Abbruch wurde der historische Schinkelplatz wieder angelegt und bebaut.

www.lumabytes.com, Nr. 1259

Robert Conrad:
Abbruch des Palasthotels für das DomAquarée von Sergei Tchoban, 5. Mai 2001

www.lumabytes.com, Nr. 1165

Oben:

Waltraud Krase: »Ahornblatt« in der Gertraudenstraße, o.D.

Die Ausführung erfolgte von 1971 bis 1973. Die Betonschalendachkonstruktion berechnete der bekannte Ingenieur Ulrich Müther aus Binz. Das »Komplexzentrum Ahornblatt« beherbergte neben einer Kaufhalle, einem Friseur, einer Post und einem Blumenladen vor allem eine Selbstbedienungsgaststätte für das Bauministerium, die Stadtbibliothek und umliegende Schulen.

Foto Marburg, Nr. 1756597

Unten:

Robert Conrad:
Der umstrittene Abbruch der Großgaststätte »Ahornblatt«, 15. August 2000

An der Stelle entstanden Wohn- und Geschäftshäuser nach Entwurf von Nalbach Architekten

www.lumabytes.com, Nr. 1173

Dieter Kramer:
Baustelle Humboldtforum, aufgenommen vom Dach der Humboldt-Box, 2014

Archiv Dieter Kramer, Berlin

Gegenüberliegende Seite:

Thomas Wolf:
Blick vom Fernsehturm auf den im Abriss befindlichen Palast der Republik, 1. Mai 2008

Thomas Wolf, www.foto-tw.de / Wikimedia Commons / CC BY-SA 3.0

Frank Böttcher:
Weihnachtsmarkt auf dem Schloßplatz mit gemalter Fassadensimulation des Schlosses, Dezember 1993

Archiv Lukas Verlag

Michael Lindner:
Die 2004 fertiggestellten Parkhäuser am Roten Rathaus (Architekten Kny & Weber), 2007

Wohnungsbaugesellschaft Mitte (WBM)

Gegenüberliegende Seite:

Alextreff von Gertraude Lehmann und das Hochhaus des DDR-Bildungsministeriums, o. D.

Foto Marburg, Nr. 390143

Rainer Quambusch:
Wohn- und Geschäftshaus Alea 101 von Sauerbruch-Hutton in der Rathausstraße, 2014

Sammlung Rainer Quambusch, Berlin

Rainer Quambusch:
Das anstelle des Alextreffs errichtete Cubix-Kino von Sergei Tchoban in der Rathausstraße, 2014

Sammlung Rainer Quambusch, Berlin

ALEXTREFF

VAPIANO

Täglich Kino ab 11 Uhr
DUNKIN' DONUTS
SEX TAPE
RESTAURANT

Bernd Albers:
Schauzeichnung des geplanten Henriette-Herz-Platzes vor dem Rathaus im Jahr 2020, 2009

Prof. Bernd Albers

Senatsverwaltung für Stadtentwicklung und Umweltschutz: Großer Freiraum als Freizeitpark (Visual für das Projekt IBA2020), o. D.

Senatsverwaltung für Stadtentwicklung und Umweltschutz

Senatsverwaltung für Stadtentwicklung und Umweltschutz: Fingerübung »Uferterrassen«, 2009

Senatsverwaltung für Stadtentwicklung und Umweltschutz

POTENTIELLE MITTE

Aktuelle Visionen für den Stadtkern

Berlin gleicht einem Patienten, dessen Ärzte sich im 19. und 20. Jahrhundert in fliegender Hast abwechselten, fortlaufend Gliedmaßen amputierten und solche Feinheiten wie Straßen und Häuserreihen gerne mit dem Raupenbagger abrasierten. Seit den 1980er Jahren gibt es eine Gegenbewegung, nun werden Häuser wie Porzellankronen in Berlins zahnlose Kiefer geschraubt und Gliedmaßen angenäht – ohne dass Berlin deswegen heil oder gar schön genannt werden könnte.

Dass Berlin heute keine Altstadt mehr hat, verwundert angesichts seiner Geschichte nicht. Seine Mitte ist das städtebauliche Ergebnis des rabiaten Umgangs mit ihr vor allem seit der Zeit des Nationalsozialismus. Das heißt aber nicht, dass diesem Ergebnis zuzustimmen ist und man sich bedingungslos der Macht des Faktischen beugen muss. Vielmehr ist ein städtebauliches Konzept für den Stadtkern gefragt, das der *gesamten* Geschichte des Ortes, also einschließlich seiner Zerstörungsgeschichte, gerecht wird.

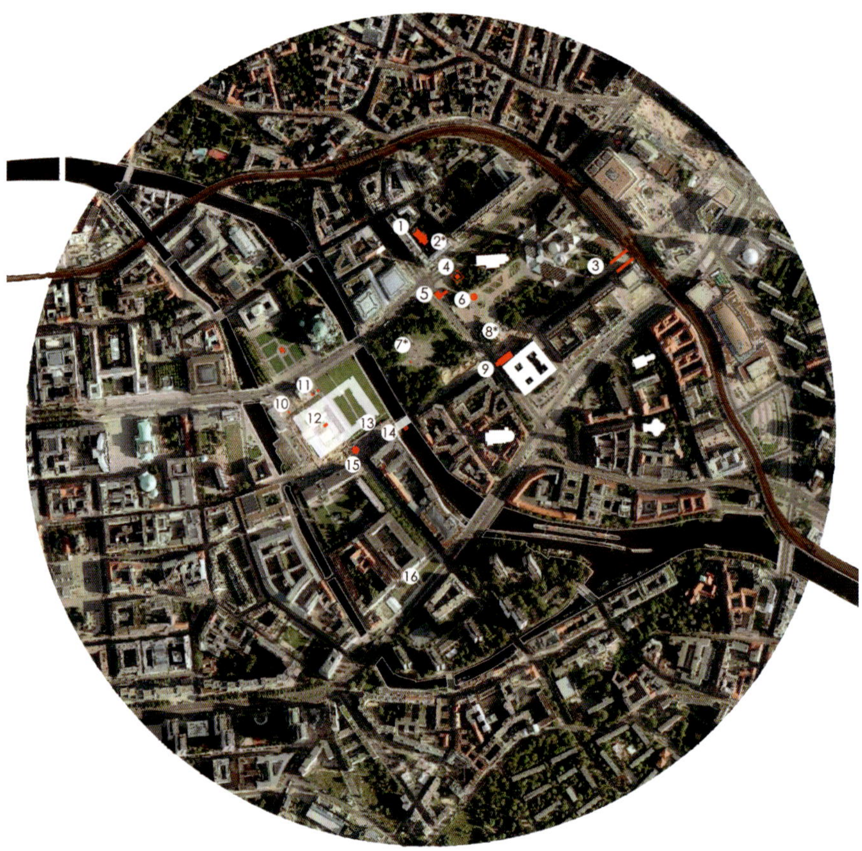

Harald Bodenschatz / Christina Kautz: Themenkarte »Denkmäler Mitte«

Im Zuge des radikalen Umbaus der Berliner Mitte wurden zahlreiche Denkmäler beseitigt oder transloziert und einige wenige neu geschaffen: Der Umgang mit dieser Denkmallandschaft ist eine zentrale Aufgabe der Reurbanisierung der Berliner Mitte. Dabei gilt es zu prüfen, welche Denkmäler früherer Epochen an ihren ursprünglichen Standort zurückgeführt werden können bzw. ob und wie an sie erinnert werden kann. Die Denkmäler der DDR-Zeit sollten erhalten werden.

Planungsgruppe Stadtkern im Bürgerforum Berlin e. V.

Als deutsche Hauptstadt rückte Berlin im 19. Jahrhundert hinsichtlich seiner Größe und Bedeutung in die Spitzengruppe der Weltstädte auf – ohne dass der Berliner Stadtkern den Zentren der Weltstädte London und Paris ebenbürtig gewesen wäre. Der Berliner Stadtumbau des 19. Jahrhunderts weist daher mehr Unterschiede als Gemeinsamkeiten mit dem in London, Paris oder Wien auf. Dort war stets der Staat, nicht die Stadtverwaltung, die treibende Kraft aller Veränderungen; der Umbau begann früher, und er diente der Verschönerung der Städte. In Berlin indes setzte die Modernisierung erst vergleichsweise spät ein und zielte unterm Deckmantel verkehrstechnischer Verbesserungen auf die Zerstörung historischer Substanz, nicht auf Verschönerung.

Der bekannte Stadtsoziologe Harald Bodenschatz verweist in Bezug auf den Berliner urbanen Selbstwertzweifel auf einen eigentümlichen *horror historiae*: »Der Widerspruch zwischen einer kleinen, relativ unscheinbaren historischen Doppelstadt Berlin/Cölln bis zum 30jährigen Krieg einerseits und den Ansprüchen an die Hauptstadt [...] einer europäischen Großmacht in der zweiten Hälfte des 19. Jahrhundert andererseits war so groß, dass er von den herrschenden Eliten als unerträglich empfunden wurde. [...] Das unterschied Berlin von anderen Hauptstädten, etwa von Wien, Prag, Rom, Paris, London und Madrid. In all diesen Städten wurden sicher auch die einfachen Häuser und Viertel nicht besonders geschätzt. Dennoch gab es dort keinen

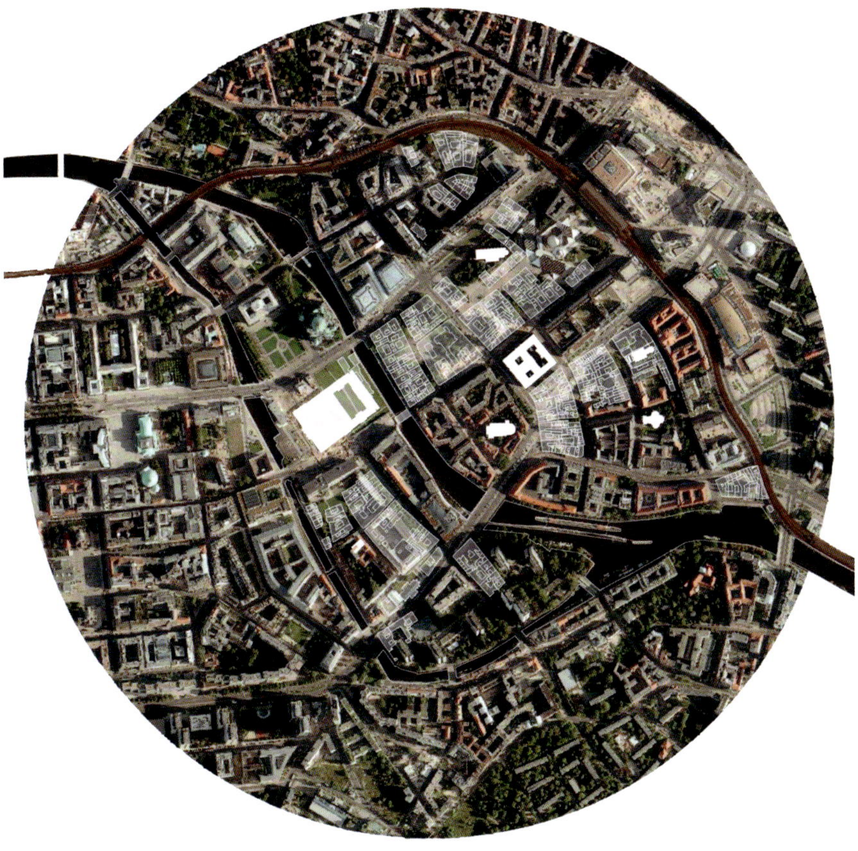

Harald Bodenschatz / Christina Kautz: Themenkarte »Potentielle Mitte«

Die überkommene Mitte bietet städtebauliche Potenziale für eine Reurbanisierung. Auf den heutigen Freiflächen, auf denen eine Bebauung prinzipiell möglich wäre, sind die Bebauungsstrukturen vor 1933 eingetragen. Die damit verbundene Botschaft ist nicht: So soll und muss es werden. Gezeigt wird, wo Bebauungspotenziale vorhanden sind und dass eine kleinteilige Struktur sinnvoll ist. Wo und in welcher Form unsere Zeit ihr Programm der Reurbanisierung realisiert, muss in einer gesellschaftlichen Debatte geklärt werden.

Planungsgruppe Stadtkern im Bürgerforum Berlin e. V.

Senatsverwaltung für Stadtentwicklung und Umweltschutz: Vorkriegsgrundriss im Bereich des Molkenmarktes als Strichzeichnung auf einem aktuellen Luftbild, 2009

Senatsverwaltung für Stadtentwicklung und Umweltschutz

vergleichbaren *horror historiae* wie in Berlin.« Diese Analyse findet ihre Bestätigung in einem zeitgenössischen Zitat von James Hobrecht, dem Urheber des bekannten gleichnamigen Plans. Hobrecht hat 1890 die tieferen Gründe für die Bereitschaft der Stadtväter, die Mitte radikal zu modernisieren, benannt. Diese Bereitschaft speise sich »aus einem gewissen Abbruchs-Fanatismus, der aus einer allgemeinen Geringschätzung des bei uns nun einmal Bestehenden hervorgeht.« Und weiter: »Es lässt sich jene Neigung auf eine Schwäche, auf ein innerlich mangelndes Selbstbewusstsein zurückführen, welches der stete Begleiter kleinstaatlichen, nationalen *secondhand* Lebens ist [...].«

Ab den 1910er Jahren existierten verschiedene Planungen im Sinne des suburbanen modernen Städtebaus. Die nationalsozialistische Hauptstadtplanung übernahm diese bestandsfeindliche Herangehensweise und projektierte große Aufmarschplätze, autogerechte Schnellstraßen und breite Achsen. In den wenigen Jahren der NS-Herrschaft vor dem Zweiten Weltkrieg sind Hunderte von Häusern der Altstadt abgebrochen worden. Die dem nationalsozialistischen Regime geschuldeten Kriegszerstörungen und der Wiederaufbau der 1960er und 1970er Jahre führten schließlich zum fast vollständigen Verlust der historischen Bebauung.

Leider lassen fast alle nach 1990 errichtete Bauten wie die Hochgarage direkt am Roten Rathaus, das Shoppingcenter Alea 101, das DomAquarée und die Neubebauung an der Gertraudenstraße anstelle des Ahornblatts eine weitgehende Konzeptlosigkeit für den Berliner Stadtkern erkennen. Ein erneut tiefgreifender Umbau der Mitte hat längst begonnen, ohne dass zuvor eine tragfähige städtebauliche Vision für die Mitte Berlins erarbeitet worden wäre.

In der Berliner Mitte gibt es wie in anderen radikal modernisierten Stadtzentren weiten Raum für Neugestaltungen. Mit einer Planung, die sich dem Erbe der verschiedenen Phasen der bald achthundertjährigen Geschichte Berlins

Bernd Albers:
Stadtkern 2030. Konzeptplan des Projektes für die 2. Auflage des Buches »Berliner Altstadt«, 2014

Prof. Bernd Albers

stellt und diese integriert, könnte der Stadtkern so entwickelt werden, dass er nicht nur Potential für die Identifikation seiner Bewohner bietet, sondern auch Raum für nachhaltige neue Nutzungen lässt. Die Wiedergewinnung historischer und maßstäblicher Stadträume steht dabei nicht im Widerspruch zu sozialen und ökologischen Zielstellungen einer europäischen Hauptstadt des 21. Jahrhunderts. Berlin hat noch immer die Chance, mit der Wiedergewinnung seiner Mitte ein international bedeutendes Beispiel für die Gestaltung eines zukunftsfähigen Stadtzentrums zu geben.

Senatsverwaltung für Stadtentwicklung und Umweltschutz:
Visualisierung für den B-Plan Molkenmarkt, 2009

Senatsverwaltung für Stadtentwicklung und Umweltschutz

Senatsverwaltung für Stadtentwicklung und Umweltschutz: Visualisierung für den B-Plan Molkenmarkt – Parochialgasse, 2009

Senatsverwaltung für Stadtentwicklung und Umweltschutz

Senatsverwaltung für Stadtentwicklung und Umweltschutz: Visualisierung für den B-Plan Molkenmarkt – Innenhof, 2009

Senatsverwaltung für Stadtentwicklung und Umweltschutz

Senatsverwaltung für Stadtentwicklung und Umweltschutz: Visualisierung für den B-Plan Molkenmarkt – Innenhof von oben, 2009

Senatsverwaltung für Stadtentwicklung und Umweltschutz

KÖNIG VON PORTUGAL

Bernd Albers:
Stadtkern 2030. Perspektive vom Schloßplatz auf die Burgstraße, 2014

Prof. Bernd Albers

Visualisierung der Gerichtslaube an ihrem alten Ort vor dem Roten Rathaus, Mai 2012

Planungsgruppe Stadtkern im Bürgerforum Berlin e. V.

Philipp Jaedicke: Visualisierung der Königskolonnaden an ihrem alten Ort in der Rathausstraße, Juli 2011

Planungsgruppe Stadtkern im Bürgerforum Berlin e. V.

Folgende Seiten:

Bernd Albers:
Stadtkern 2030. Vogelschau des Projektes für die 2. Auflage des von Hans Stimmann herausgegebenen Buches »Berliner Altstadt«, 2014

Prof. Bernd Albers

Philipp Jaedicke:
3D-Modell der Häuser des Neuen Marktes für die Gesellschaft Historisches Berlin (GHB), März 2014

Gesellschaft Historisches Berlin

FAZIT

Die amtliche Stadt- und Verkehrsplanung der Jahre 1910 bis 1975 war gleichermaßen in Ost- wie Westdeutschland ein Motor der Stadtzerstörung. Auch andere mitteleuropäischen Städte sind im 20. Jahrhundert im größeren Maße durch die Stadt- und Verkehrsplanung als durch den Bombenkrieg transformiert worden. Das stimmt auch dann, wenn man weiß, dass die Zahl der durch Bomben zerstörten Häuser die Zahl der nach dem Krieg abgerissenen unbeschädigten übersteigt. Denn erst die moderne Stadt- und Verkehrsplanung war verantwortlich dafür, dass man auch leicht- und mittelbeschädigte Gebäude nicht wieder aufbaute bzw. abriss und zahllose großflächige, wenig urbane Neugestaltungen schuf. Auch schuf sie erst die Voraussetzungen für den rapide anwachsenden Autoverkehr, auf den zu reagieren sie vorgab. Nicht allein Bombenkrieg und Sozialismus, sondern insgesamt die Stadtfeindschaft und die Begeisterung der Stadtväter und Stadtplaner für den Individualver-

Harald Bodenschatz / Christina Kautz: Themenkarte »Mitte vor 1933«

Der Stadtgrundriss vor dem radikalen Umbau der Mitte nach 1933 hat mit dem heutigen Stadtgrundriss nur noch wenig gemein. Krieg und Pläne für ein »neues Berlin« zerstörten nahezu den gesamten Baubestand aus dieser Zeit. Auch das charakteristische, im Mittelalter planmäßig angelegte System der Straßen und zentralen Plätze (Spittelmarkt, Cöllnischer Fischmarkt, Molkenmarkt und Neuer Markt) wurde erheblich verändert.

Planungsgruppe Stadtkern im Bürgerforum Berlin e. V.

kehr zwischen 1850 und 1975 ebneten den Weg zum heutigen Zustand des Berliner Stadtkerns.

Er ist geprägt von einem weitgehenden Strukturverlust durch die Abbrüche zahlreicher Baudenkmale vor dem Zweiten Weltkrieg, durch gravierende Verluste in diesem Krieg und durch einen traditionsfeindlichen Wiederaufbau danach. Dieser Strukturverlust setzte die Beseitigung städtebaulicher Fixpunkte voraus. Denn in fast jeder Stadt gibt es eigentlich unantastbare Baudenkmale, die allen Veränderungsphantasien der Stadtväter und -planer Riegel vorschieben. In Berlin indes sind diese Fixpunkte nach und nach aus dem Weg geräumt worden – beginnend schon 1865 mit dem Abbruch des Alten Rathauses. Der Schriftsteller und Armenarzt Alfred Döblin (1878–1957) schrieb 1928 mit Blick auf die Berliner Stadtentwicklung: »So langsam bauen sich die Städte um, vielleicht in fünfzig bis hundert Jahren wird man Berlin sehen können, natürlich – das von heute.« 1965 stand den Menschen die erträumte Stadt des Jahres 1865, als es den Berlinern aus Angst vor der Geschichte nicht modern genug sein konnte, vor Augen. Die Berliner Mitte, die man sich seit 1975 wieder zu planen traut, wird erst in einigen Jahrzehnten Wirklichkeit werden.

Harald Bodenschatz / Christina Kautz: Themenkarte »Autogerechte Mitte«

In der NS-Zeit und DDR-Zeit wurde die Berliner Mitte so autogerecht ausgebaut wie kaum ein anderes Zentrum in Europa. Als Folge davon wurde sie durch die neuen, aufgeweiteten Hauptstraßenzüge mehrfach zerstückelt. Die Verkehrswüste kulminiert hinter dem Rathaus, dem schrecklichsten Ort der Mitte. Hier erstreckte sich einmal der wichtigste Platz des alten Berlin: der Molkenmarkt.

Planungsgruppe Stadtkern im Bürgerforum Berlin e. V.

Harald Bodenschatz / Christina Kautz: Themenkarte »Zwei-Diktaturen-Mitte«

Der weitaus größte Teil der Berliner Mitte wurde in der NS- und DDR-Zeit städtebaulich und architektonisch geprägt. Die überkommene Mitte ist daher in erster Linie ein Produkt der beiden deutschen Diktaturen des 20. Jahrhunderts. Die diktatorische Neugestaltung hat nicht nur den überlieferten Stadtgrundriss radikal verändert, sondern auch das kleinteilige private Bodeneigentum beseitigt. Nur in Diktaturen konnten – nicht zuletzt durch den enteignenden Zugriff auf das private Grundeigentum – derart einschneidende Umbauprojekte realisiert werden.

Planungsgruppe Stadtkern im Bürgerforum Berlin e. V.

CHARTA FÜR DIE MITTE VON BERLIN

Aufruf der Planungsgruppe Stadtkern im Bürgerforum Berlin e. V.

Verlorene Mitte

Die Wiedergewinnung der Mitte von Berlin ist eine verständliche und notwendige Aufgabe. Sie ist angesichts des seit 2013 rasch heranwachsenden Humboldtforums auch äußerst dringend. Das Projekt der Bundesrepublik Deutschland strebt einen neuartigen Dialog zwischen den Kulturen der Welt an. Dementsprechend muss die Stadt dem kulturellen Großakteur in ihrer Mitte eine selbstgewisse Antwort zur Seite stellen.

Keine Großstadt Europas hat ihre Mitte im 20. Jahrhundert so oft verloren wie Berlin: durch die flächenhaften Abrisse und die Vertreibung jüdischen Lebens vor dem Krieg, durch die Kriegszerstörungen und die Aufbauplanungen der 1960er und 1970er Jahre sowie schließlich nach dem Mauerfall 1989 durch die Abwicklung der DDR und den Abriss einiger ihrer zentralen Bauten.

Die heutige, nur noch wenig an die Jahrhunderte alte Geschichte erinnernde Mitte ist das Ergebnis der Städtebaupolitik in zwei deutschen Diktaturen. Die Gründe für den Verlust der Mitte reichen jedoch weit in die städtebauliche, politische und gesellschaftliche Geschichte Berlins zurück. Sie sind Gegenstand der historischen Forschung und sollten unter solchem Blickwinkel vermehrt zum Thema werden. Im Kontext dieser Absichts- und Willenserklärung zur Wiedergewinnung der Mitte von Berlin muss der Befund reichen, dass nur wenige europäische Großstädte im 20. Jahrhundert in vergleichbarem Ausmaß wie Berlin zum Schauplatz und Austragungsort von städtebaulichen Konflikten und Konfrontationen geworden sind.

Der Prozess des Verlusts brachte nicht nur die ältere Bausubstanz zum Verschwinden, sondern hatte einen Wechsel der Stadtstruktur zur Folge: Nach den großflächigen Planungen und Abrissen der 1930er Jahre hatten die Bomben im Zweiten Weltkrieg eine »mechanische Auflockerung« (Hans Scharoun) auch der beiden Altstädte Berlin und Cölln bewirkt. Ablehnung und Abbruch der überkommenen Stadt sowie der Bau einer neuen autogerechten Stadt waren ein Ost-West-übergreifendes Phänomen der Nachkriegszeit. In der Mitte Berlins entfielen dadurch die historischen Parzellen als Träger privater Eigentumsrechte. An deren Stelle trat die Repräsentationsachse der DDR-Hauptstadt. Mit dem Mauerfall und der Wiedervereinigung ist der Auftraggeber und Nutzer dieses Städtebaus entfallen. Das Areal der historischen Altstadt neben dem Humboldtforum zeigt sich heute als sinnentleerter Raum, der von Autotrassen flankiert wird, die im europäischen Vergleich beispiellos sind.

Geraubte Mitte

Im Schatten der historisch-politischen Erinnerung schlummerte bislang auch der staatliche Raubzug an der jüdischen Bevölkerung Berlins im »Dritten Reich«. Es erscheint kaum glaublich, dass im Zuge der umfassenden gesellschaftlichen Aufarbeitung der deutschen Schuld in der Bundesrepublik im Verlauf der letzten beiden Dekaden dieses Thema im Zentrum Berlins nicht ausreichend aufgegriffen und wissenschaftlich erforscht wurde. Tatsache ist, dass die Stadt eher umgekehrt versuchte, im städtebaulichen Planungsprozess davon unhinterfragt zu profitieren. Dank der Ausstellung »Geraubte Mitte« im Stadtmuseum Berlin (2013/14) kann weder Berlin noch der Bund weiterhin der Auseinandersetzung mit diesem Thema ausweichen.

Doch so sehr die Anerkennung dieser Schuld in alle städtebaulichen Planungen integriert werden muss, so wenig folgt aus ihrer Tatsache allein bereits eine bestimmte städtebauliche Form und Vorschrift für die Wiedergewinnung der Mitte von Berlin. Zwingend folgt aus ihr nur die geschichtsmoralische Bringschuld der Berliner und der Bundespolitik, aktiv auf die im nationalsozialistischen Deutschland Geschädigten und deren Nachfahren zuzugehen; spätestens als Ergebnis oder Mittel eines konsensuellen Städtebaus in der Mitte von Berlin.

Vergessene Mitte

Nach dem Fall der Mauer war die Unsicherheit groß, wie die mehrfach geschichtsentleerte Mitte erneuert werden soll. Der Prozess der Erarbeitung des Planwerks Innenstadt Berlin ist ein Zeugnis dieser Unsicherheit. Dass die Mitte erneuert werden muss, zeigen ihre zahlreichen Unorte: etwa die Verkehrswüste im Umfeld des ehemaligen Molkenmarktes, die vornehmlich für den Autoverkehr gebaute und nutzbare Mühlendammbrücke, die monofunktionalen toten Zonen entlang des in der NS-Zeit geschaffenen Rolandufers und entlang der Breiten Straße, die Parkplatzöden zwischen den Hochhäusern der »Fischerinsel« sowie die Schnellstraßenatmosphäre am künftigen interreligiösen Bet- und Lehrhaus am trostlosen »Petriplatz«. Inzwischen hat der Umbau der Mitte längst begonnen – allerdings isoliert gedacht und geplant, ohne den Zusammenhang einer umfassenden Vision von der Mitte Berlins, ohne umfassende Kenntnis der Geschichte des Ortes und seiner Potenziale für die Zukunft. Es droht eine beliebige Ansammlung von Einzelprojekten, die zusammen keine Stadt formen und keine Mitte bilden.

Neue Mitte

Berlin muss mithin seine Vergangenheit neu bedenken. Das schließt neben den erwähnten Phasen und Epochen auch die in der Öffentlichkeit nahezu vollständig vergessenen 500 Jahre vor dem Dreißigjährigen Krieg (1618–1648) ein. Eine solche historische Vergewisserung ist keineswegs rückwärts orientiert, sondern richtet sich im Gegenteil in die Zukunft. Die neue Mitte ist ein Projekt der lokalen, nationalen und internationalen Darstellung Berlins als Stadt der Aufklärung, Toleranz und Nachhaltigkeit sowie als Zentrum der Erinnerung begangener Verbrechen. Dazu gehören Orte und Institutionen, die dieser Darstellung dienen, dazu gehört aber auch ein städtebauliches Programm, in das diese Orte und Institutionen eingebettet sind.

Das Gebiet der Mitte von Berlin ist klar umrissen: Es umfasst den heutigen Raum der mittelalterlichen Doppelstadt Berlin/Cölln, also den Stadtkern. Während die barocke Stadterweiterung der nördlichen Friedrichstadt und der Dorotheenstadt mit den Straßen Unter den Linden und Friedrichstraße in den letzten drei Jahrzehnten erneuert wurde, ist die Gestaltung der Mitte ungeklärt und umstritten. Sie ist daher die zentrale Aufgabe von morgen. Der Streit um die angemessene und unserer Zeit entsprechende städtebauliche wie architektonische Form muss öffentlich geführt werden. Entscheidende Maßgabe und Begrenzung im Findungsprozess muss lediglich sein, dass die Mitte von Berlin nicht der kommerziellen Festivalisierung und Vermarktung überantwortet wird, sondern in die gesellschaftliche Trägerschaft der Stadt gerät. Hierfür sind geeignete sozial verpflichtete Formen des Eigentums zu etablieren.

Ziele

Für eine Wiedergewinnung der Mitte gibt es weithin anerkannte allgemeine Ziele, deren konkrete Ausformulierung noch offen ist:

- Schaffung eines weltoffenen, sozial integrativen Schaufensters des neuen Deutschlands in Europas Mitte.
- Erinnerung an die reiche, mehrfach hart gebrochene Geschichte Berlins, auch an die 500 Jahre vor dem Dreißigjährigen Krieg, auch an die beiden Diktaturen des 20. Jahrhunderts.
- Orientierung am Jahrhunderte alten Stadtgrundriss unter Einbezug neuer Eingriffe und künftiger Projekte.
- Abschied vom autogerechten Städtebau.
- Städtische Balance zwischen neuer Bebauung und öffentlichen Plätzen bzw. Grünräumen.
- Mischnutzung mit hohem Wohnanteil und kulturellen Einrichtungen.
- Verbesserte Vernetzung der neuen Mitte mit den umgebenden Stadtteilen und der gesamten Stadtregion.

Projekte

Im Gebiet des ehemaligen mittelalterlichen Berlin gibt es bereits zahlreiche isolierte Projekte:

- Bau des Humboldtforums
- Neuplanung für Molkenmarkt und Klosterviertel
- Neugestaltung des Petriplatzes und der Breiten Straße
- Neugestaltung des Neuen Marktes und des Marienkirchhofs
- Neuplanung für das Areal zwischen Karl-Liebknecht-Straße und Stadtbahn (Rochstraße)

- Rückkehr herausragender Denkmäler an ihre Originalstandorte (Lutherdenkmal, Neptunbrunnen, Königskolonnaden, Gerichtslaube, Großer Kurfürst)
- Diskussion um den Großen Freiraum.

Neben den zu klärenden und miteinander abzustimmenden Leitprojekten ist die bessere Vernetzung der Mitte mit der übrigen Stadt und ihren Bezirken eine zentrale Aufgabe. Dabei spielen die als Marktorte vor den Toren der Altstadt entstandenen Plätze eine zentrale Rolle:

- Spittelmarkt
- Hackescher Markt
- Alexanderplatz
- Holzmarkt (Kreuzung Stralauer Straße/Alexanderstraße).

Trägergesellschaft

Den vorliegenden Plänen und Teilprojekten fehlt eine gemeinsame Grundorientierung und Organisation, eine Trägergesellschaft, die den Planungen eine nachhaltige Perspektive geben kann. Für die Trägergesellschaft, die über Stadtplaner und Architekten hinaus auch Historiker, Künstler, Intellektuelle, Tourismusvertreter und andere Experten der Stadt umfassen muss, bedarf es eines festen Ortes in der Stadtmitte, einer ausreichenden Ausstattung und einer Institutionalisierung.

Europäische Schlüsselaufgabe

In den Plänen, Vorschlägen und Debatten über die Berliner Mitte seit dem Fall der Mauer zeigt sich die Unsicherheit, was eine Stadtmitte von morgen ist, und wie ein Ort mit einer 800jährigen komplexen und widersprüchlichen Geschichte zukunftsorientiert und nachhaltig gestaltet werden kann. Die gesellschaftlich erarbeiteten und akzeptierten Antworten auf diese historischen Herausforderungen müssen noch gefunden werden. Es werden (und dürfen) keine simplen Antworten mit nur *einer* Idee, *einer* Gestaltung, *einer* Funktion sein. Für Berlin ist die Suche nach diesen Antworten eine Schlüsselaufgabe. Sie ist zugleich eine Aufgabe von höchstem internationalem Interesse. Auch andere Großstädte der Welt stehen vor der Frage, wie ihre Stadtmitte als schönes, historisch faszinierendes, Identifikation stiftendes und sozial inklusives Schaufenster der Stadtregion gestaltet werden kann.

In Berlin gibt es Raum für Gestaltungsmöglichkeiten. Die Verarbeitung der politischen und städtebaulichen Lasten des 20. Jahrhunderts eröffnet großartige Chancen für neue zeitgemäße Stadträume und Gebäude, die allen Berlinern und ihren Gästen gleich welcher sozialen und ethnischen Herkunft, gleich welcher religiösen und geschlechtlichen Orientierung offen stehen. Berlin setzt damit städtebauliche und architektonische Zeichen für die symbolische, funktionale und gestalterische Form einer Stadtmitte von morgen.

Aufruf zur Wiedergewinnung der Mitte von Berlin!

Die Mitte, nicht isolierte Orte planen!
- Verkündung eines umgehenden Moratoriums der aktuell isoliert voneinander betriebenen Planungen
- Intensivierung der fachlichen und öffentlichen Diskussion über die Bedeutung der Mitte und die städtebaulichen Anforderungen an sie

Das Wissen um die besondere Geschichte der Mitte vertiefen!
- Klärung der Besitzgeschichte der großteils im Besitz der öffentlichen Hand befindlichen Grundstücke
- Erarbeitung historischer Grundlagen (Berliner Häuserbuch)
- Bestimmung und Bewertung der Zeugnisse der beiden Diktaturen in der Berliner Mitte

Der Bedeutung der Mitte gerecht werden!
- Umsetzung des Neptunbrunnens auf den Schloßplatz
- Umsetzung der Königskolonnaden vor das Cubix-Kino
- Umsetzung des Großen Kurfürsten an die neue Rathausbrücke
- Aufbau der Gerichtslaube vor dem Roten Rathaus

Die Mitte fußgängerfreundlicher gestalten!
- Flächendeckende Einführung von Tempo 30
- Begrenzung der Straßenbreiten auf maximal 22 Meter
- Integration der Straßenbahngleise in das Straßenland

Eine bunte, reflexive Mitte schaffen!
- Förderung Mitte-spezifischer kultureller Projekte (etwa Nathanprojekt, Erinnerung an die beiden Diktaturen)
- Förderung einer Mischnutzung bei Neubauprojekten
- Förderung einer sozialen Mischung bei Neubauprojekten
- Förderung einer baulichen und Eigentümer-Vielfalt durch Parzellenstädtebau

Die neue Mitte realisieren!
- Beauftragung einer Machbarkeitsstudie und Erarbeitung eines Stufenplans, der diesen Namen verdient
- Gründung einer Trägergesellschaft zur Umsetzung der Ergebnisse der Machbarkeitsstudie.

Stand: Berlin, 8. Januar 2014

Planungsgruppe Stadtkern im Bürgerforum Berlin e. V.
Mommsenstraße 5, 10625 Berlin
buergerforum@berlin.de

Uta Maria Bräuer und Jost Lehne

Bäderbau in Berlin

Architektonische Wasserwelten von 1800 bis heute

Festeinband mit Schutzumschlag, 255 Seiten,
282 meist farbige Abbildungen, 2 Karten, Bäderverzeichnis
ISBN 978-3-86732-129-7
29,80 €

Seit über zweihundert Jahren werden in Berlin Bauwerke und Einrichtungen geschaffen, damit die Menschen darin baden und schwimmen können – kurios anmutende Badeschiffe, reich gestaltete Schwimmtempel, sachlich-nüchterne Trainingsstätten und vieles mehr. Aufgrund beständig wechselnder hygienischer Anforderungen, gesellschaftlicher Konventionen und technischer Neuerungen war der Bautypus des Bades immer wieder großen Veränderungen unterworfen. Seine Geschichte reicht von den ersten privaten und städtischen Flussbadeanstalten über die Volksbäder der Gründerzeit bis hin zu modernen Sport- und Freizeitbädern. Noch heute existieren überall in Berlin zahlreiche Schwimmhallen und Freibäder aus den verschiedensten Epochen.

Das Buch bietet erstmals einen fundierten Überblick zur Entstehung und Entwicklung des Berliner Bäderbaus. Uta Maria Bräuer und Jost Lehne beschreiben den Wandel in seiner Architektur, Organisation und Bedeutung, beziehen aber auch kultur- und sozialhistorische Aspekte mit ein. Der Band ist chronologisch aufgebaut, widmet sich aber auch thematischen Schwerpunkten. Er enthält Originalauszüge aus städtischen Akten und ist reich und anschaulich bebildert. Zuletzt stellen die Autoren die Frage nach dem heutigen Umgang mit sanierungsbedürftigen Objekten und geben einen Ausblick auf zukünftige Bedürfnisse.

Der Anhang enthält einen Überblick über alle in Archiven und Museen dokumentierten Badeanstalten auf dem Gebiet des heutigen Berlins.

Dieter Desczyk und Eckhard Thiemann

Als die Brücken im Wasser knieten

Zerstörung und Wiederaufbau Berliner Brücken

Festeinband, 143 Seiten, 220 teils farbige Abbildungen
ISBN 978-3-86732-199-0
25,– €

»Die Brücken knien im Wasser«, so umschrieb Max Frisch in seinem Tagebuch die Eindrücke, die er bei seiner Ankunft in Berlin an einem Novembermorgen des Jahres 1947 empfand. Zahlreiche historische Fotos belegen, dass dieses Bild auf die meisten der stark beschädigten Brücken über die Spree und die zahlreichen Kanäle tatsächlich zutraf. Anhand von gut vierzig Brücken wird in diesem Buch beispielhaft das Ausmaß der Zerstörungen dargestellt, aber auch das Aussehen der Bauwerke vor den Sprengungen, während des Wiederaufbaus und der heutige Zustand. Im Anhang liefern Auszüge aus Berichten der Bauverwaltung eine Übersicht über den Gesamtschaden.

Zu den ersten Aufgaben der Brückenbauer zählte die Überführung der von den siegreichen Militärs schnell errichteten Notbrücken in die zivile Nutzung. Gleichzeitig galt es, die Wasserstraßen von Trümmern zu beräumen und die Brücken zumindest provisorisch instandzusetzen. Ohne befahrbare Flüsse und Kanäle konnte die Bevölkerung nicht mit Kohle und anderen Massengütern versorgt werden. Ebenfalls dringend war die Reparatur der durch Brückensprengungen unterbrochenen Leitungsnetze, da sonst hygienische Probleme drohten und die Wirtschaft nicht wieder in Gang kam. Der Mangel an Material, Geräten und Fachpersonal erschwerte die Realisierung des Bauprogramms sehr, später auch die Blockade und die politische Teilung der Stadt.

Das Buch von Eckhard Thiemann und Dieter Desczyk erinnert an die furchtbaren Folgen des letzten Krieges und würdigt die gewaltigen Aufbauleistungen in den Nachkriegsjahren.

taz: »Wer sich für die Nachkriegsgeschichte Berlins interessiert, wusste vielleicht nicht, dass er sich für Brückenrekonstruktionen erwärmen könnte. Nun aber sollte sich jener Mensch dieses Buch sofort besorgen.«

Märkische Oderzeitung: »Auch wer sich noch nie für Brücken interessiert hat, wird von diesem Buch gefesselt. Es zeigt, dass eine Stadt ohne Brücken eine Stadt ohne Verbindungen ist.«

Richard Schneider

Das Berliner Schloss

in historischen Photographien

Festeinband mit Schutzumschlag,
157 Seiten, 110 Duoton-Abbildungen
ISBN 978-3-86732-164-8
29,80 €

Im Juni 2013 erfolgt die Grundsteinlegung für den Wiederaufbau des Berliner Schlosses. Zuvor ist zwanzig Jahre lang über den Sinn dieses Wiederaufbaus gestritten worden und desgleichen über das architektonische Konzept des Neubaus, bei dem ja vom historischen Schloss lediglich die Kubatur und die Fassaden rekonstruiert werden. Aus dem Blickfeld geriet bei alldem das authentische Bild des 1443 begründeten, im Laufe der Jahrhunderte mehrfach umgebauten und zu einem prachtvollen Barockbau erweiterten und nach teilweiser Kriegszerstörung 1950 mutwillig gesprengten großartigen Ensembles.

Richard Schneider, der sich schon mit anderen sorgfältig edierten Bild-Text-Bänden dem Bild deutscher Städte um 1900 gewidmet hat, traf eine Auswahl von einhundert qualitätvollen Aufnahmen vor allem aus dem Bestand des Messbildarchivs in Wünsdorf. Die hier im edlen Duoton-Verfahren gedruckten Abbildungen entstanden zwischen 1894 und 1944. Sie zeigen das Berliner Schloss nicht nur von außen und von den Höfen her, sondern auch in vielen besonders eindrucksvollen und eher wenig bekannten Innenaufnahmen.

Neben einer fundierten Einführung in die Geschichte des Schlosses »zu Cölln an der Spree« und einem Abschnitt zum Messbildarchiv verfasste der Autor ausführliche Kommentare zu den abgebildeten Flügeln, Fassaden, Innenhöfen, Portalen, Treppenhäusern, Festsälen, Wohnräumen, Kunstwerken und sonstigen Ausstattungsstücken. Damit erweist sich der Band als eine der gründlichsten und ansprechendsten Publikationen über das historische Bauwerk.

rbb kulturradio: »vorzüglich gedruckter und sehr ansehenswerter Band über das historische Bauwerk … eine der gründlichsten Publikationen«

Berliner Zeitung: »ein prächtiger Bildband«

Deutschlandradio Kultur: »imposanter kommentierter Bildband«